3,-

Der Inhalt dieses Buches wurde auf Papier
mit chlorfrei gebleichtem Zellstoff gedruckt.
Das Einbandmaterial ist recyclebar.

Die Deutsche Bibliothek – CIP Einheitsaufnahme

Nationalpark Hohe Tauern
Daniel Zupanc
Steinfurt, Tecklenborg Verlag, 2004
ISBN 3-934427-42-1
NE: Zupanc, Daniel

1. Auflage April 2004
© 2004 by Tecklenborg Verlag
Siemensstraße 4, D-48565 Steinfurt

Layout: Jan Tölle
Redaktion und Lektorat: Stefanie Tecklenborg
Gesamtherstellung: Druckhaus Tecklenborg, Steinfurt

Das Werk einschließlich aller seiner Teile ist urheberrechtlich
geschützt.
Jede Verwertung außerhalb des Urheberrechtsgesetzes ist
ohne Zustimmung des Verlages unzulässig und strafbar.
Das gilt insbesondere für Vervielfältigungen, Übersetzungen,
Mikroverfilmungen sowie die Einspeicherung und Verarbeitung
in elektronischen Systemen.

Verlag und Autor garantieren, dass
es sich bei den Fotografien in diesem
Werk um Originalaufnahmen handelt,
die nicht digital verändert wurden.

ISBN 3-934427-42-1

INHALT

9 Vorwort

13 Einleitung

18 Kärnten

72 Salzburg

130 Osttirol

181 Danksagung

182 Reisetipps

Vorwort

Die Hohen Tauern haben mich immer gefesselt, sie sind Teil meines Lebensweges. Die Kraft der Natur und der Respekt der Menschen haben ein Schutzgebiet in den Alpen möglich gemacht – geprägt von bäuerlicher Arbeit und Widerstand gegen Profitdenken. Wenige auserwählte Menschen haben die Gabe des Sehens. Sie sind dazu berufen, diese Wunderwelt an Harmonie in Ordnung zu halten, zu betreuen und zu lenken. Der Nationalpark Hohe Tauern ist eines der Vorbilder.

Auf meinen Expeditionen durfte ich erfahren, daß kein Widerspruch zwischen Mensch und Natur bestehen muß. Der Nationalpark ist auch Ausdruck dieses Zusammenspiels ökonomischer und ökologischer Entwicklungen. Die Natur in ihrer reinen Form gibt es kaum noch. Was wir schätzen und was sich uns zeigt, ist die Vielfalt. Gerade der Erhalt dieser Vielfalt ist eines der Ziele in den Nationalparks unseres Heimatplaneten. Der fortschreitende Verlust der Vielfalt im Pflanzen- und Tierreich ist schon lange erkannt, aber nur wenig wird dagegen erfolgreich unternommen.

Das Bewußtsein für die Folgen ist noch nicht ausreichend. Aufklärung und Sensibilisierung – in diesem Sinne verstehe ich auch den vorliegenden Bildband. Die Bergwelt der Hohen Tauern, von Daniel Zupanc vorbildlich fotografiert und geschildert, vermittelt mir ein Wiedersehen meines Werdeganges. Diesem Buch wünsche ich eine weite Verbreitung, um den Lesern die gleiche Freude zu bereiten wie mir.

Heinrich Harrer

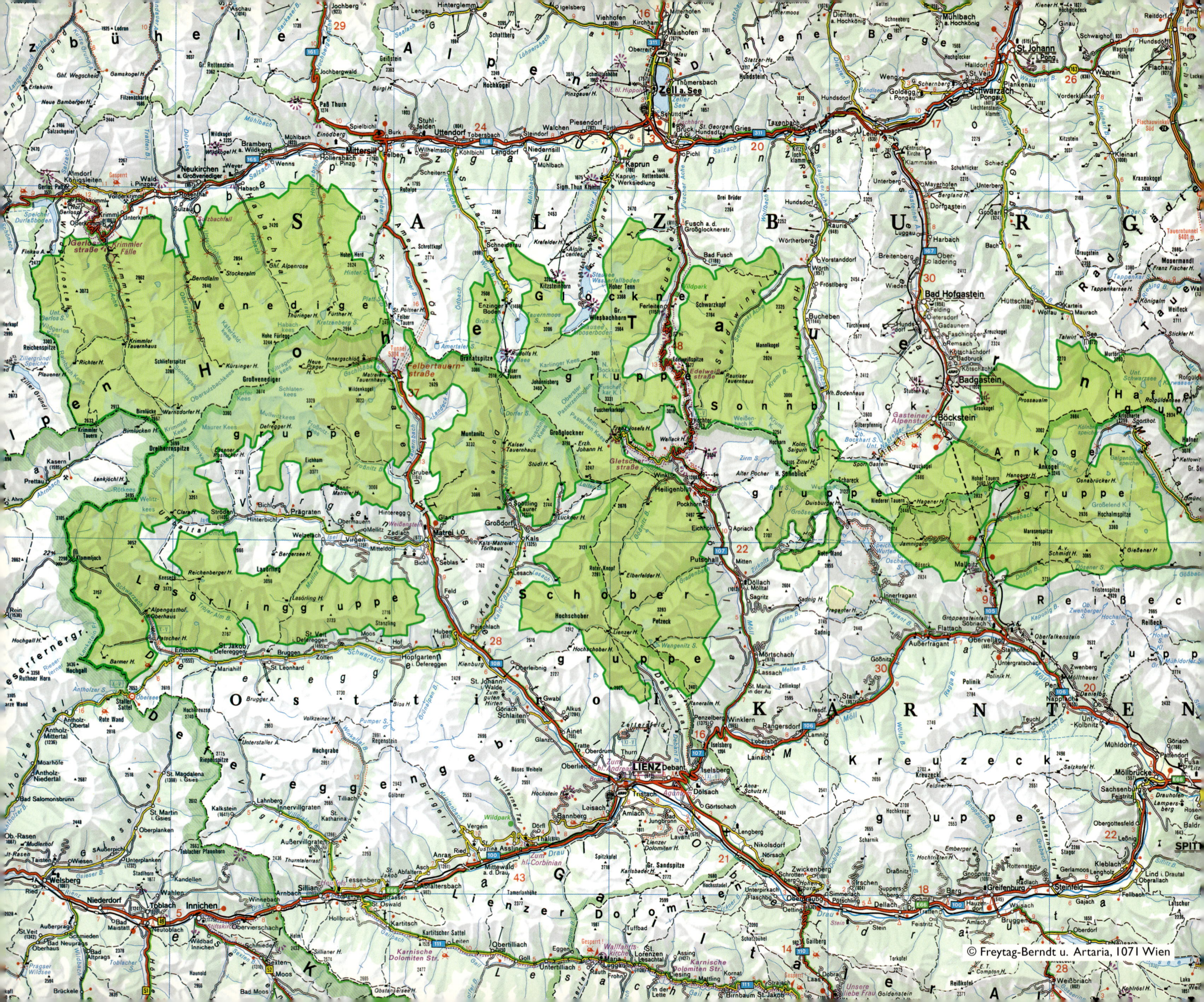

EINLEITUNG

Nationalpark Hohe Tauern: ein außergewöhnliches Kapitel österreichischer Naturschutzgeschichte

Die Idee, Nationalparks zu gründen, geht in die zweite Hälfte des 19. Jahrhunderts zurück und verstand sich als Gegenbewegung zur großen Erschließungseuphorie in den USA. Mit der Gründung des Yellowstone Nationalparkes im Jahre 1872 wurde eine Entwicklung ausgelöst, die bis heute ungebrochen ist.

Erste Bemühungen und richtungsweisende Initiativen

In Österreich sowie auch im übrigen Europa vergingen weitere 30 Jahre, bis erstmals Bestrebungen zur Schaffung eines Nationalparks auftauchten.
Im Jahr 1909 rufen der Österreichische Reichsbund für Vogelkunde und Vogelschutz in Wien, der Dürerbund und Kosmos, die Gesellschaft der Naturfreunde Stuttgart, zur Schaffung eines Nationalparkes in den Alpen auf. Noch im selben Jahr erwirbt der Verein Naturpark Hamburg-Stuttgart auf der Salzburger Seite im Gebiet des Sulzbachtales bedeutende Alm- und Weideflächen zur Errichtung eines Naturparkes. Weitere 34 Quadratkilometer kommen drei Jahrzehnte später hinzu. Auf der Südseite war es der Villacher Holzindustrielle Albert Wirth, der den Kärntner Teil des Großglockners und den Pasterzengletscher kaufte und diese beeindruckende Fels- und Eisregion dem Österreichischen Alpenverein überließ. Der am 1. August 1918 unterzeichnete Kaufvertrag enthielt die ausdrückliche Widmung, dass das Glocknergebiet auf ewige Zeiten als Naturschutzpark erhalten bleiben sollte, um es „den spekulativen Interessen der Fremdenverkehrsindustrie zu entziehen". Wirth hatte den Yellowstone Nationalpark besucht und war überzeugt, dass in Österreich etwas Vergleichbares geschaffen werden musste.
Wohl schon zu dieser Zeit wurde erkannt, dass sich die Errichtung eines großflächigen Schutzgebietes in den Alpen viel schwieriger gestaltete als in den unermesslichen und großteils unbesiedelten und unbewirtschafteten Weiten der USA.

Die Geschichte der Hohen Tauern ist seit jeher von einer Vielzahl verschiedenster Ansprüche und Nutzungen geprägt, angefangen von den Jägern der Urzeit über die Lastenträger – den sogenannten „Säumern" – und Schatzsucher des Mittelalters und der frühen Neuzeit bis zur Energie- und Tourismuswirtschaft der Gegenwart.
Trotzdem gingen die Bemühungen zur Schaffung eines Schutzgebietes weiter. In den zwanziger Jahren kam es zum Ankauf von rund zehn Quadratkilometern im Bereich des Sonnblicks und kurz vor dem Zweiten Weltkrieg gelangte der Österreichische Alpenverein in den Besitz von beachtlichen 280 Quadratkilometern auf Tiroler

Seite. So eindrucksvoll diese Initiativen auch waren, die Realisierung der Nationalparkidee war dennoch in weiter Ferne.

Nicht nur die komplizierte Rechtslage – Naturschutz liegt in Österreich gemäß Bundesverfassung im Zuständigkeitsbereich der Länder – sondern vor allem die ehrgeizigen Pläne zur touristischen Erschließung und energiewirtschaftlichen Nutzung der Hohen Tauern, verhinderten trotz aufkommenden Naturschutzgedanken nach 1945 die Nationalparkwerdung.

Wirksam war eine Unterschriftenaktion des Österreichischen Naturschutzbundes im Jahre 1950/51, die eine Ableitung der Krimmler Ache verhinderte und schließlich im Jahre 1967 zu einem besonderen Erfolg führte: die Auszeichnung der Krimmler Wasserfälle mit dem Europäischen Naturschutzdiplom durch den Europarat.

Die Heiligenbluter Vereinbarung

Der eigentliche Durchbruch gelang erst im Europäischen Naturschutzjahr 1970, für das die Naturschutzreferenten der Bundesländer die Errichtung eines Nationalparks in den Hohen Tauern vehement gefordert hatten.

Ein Jahr später war es soweit. Am 21. Oktober 1971 unterzeichneten die Landeshauptleute von Kärnten, Salzburg und Tirol jene vielzitierte Vereinbarung von Heiligenblut, in der sich die beteiligten Länder verpflichteten, „die Hohen Tauern als einen besonders eindrucksvollen und formenreichen Teil der Österreichischen Alpen in ihrer Schönheit und Ursprünglichkeit als Beispiel einer für Österreich repräsentativen Landschaft und zum Wohle der Bevölkerung, zum Nutzen der Wissenschaft für alle Zukunft zu erhalten".

Das erste Jahrzehnt nach Abschluss dieses Vertragswerkes war nicht nur durch Planungsvorarbeiten bestimmt, sondern vor allem durch massive Versuche der österreichischen Energiewirtschaft, insbesondere im gänzlich unangetasteten Tiroler Anteil des vereinbarten Nationalparks, Speicher und Kraftwerke zu errichten. Dort tobte über viele Jahre hinweg eine erbitterte Auseinandersetzung um das projektierte Speicherkraftwerk im Kalser Dorfertal. Im Zusammenhang mit den Baumaßnahmen für diese Großkraftwerksanlage schien auch eine skitechnische Erschließung der grandiosen Gletscherwelt an der Südabdachung des Großvenedigers im Bereich des Möglichen. In den schwach entwickelten Osttiroler Seitentälern versprach man sich davon eine größere wirtschaftliche Belebung, als von einem Nationalpark.

Eine Idee wird Wirklichkeit

Ungeachtet dieser Querelen wurde von der Kärntner Landesregierung am 15. September 1981 – ausdrücklich als erster Schritt zu einem länderübergreifenden Nationalpark – eine entsprechende Verordnung zur Einrichtung des Nationalparks erlassen, womit auf einer Fläche von annähernd 200 Quadratkilometern im Oberen Mölltal der erste Nationalpark Österreichs Realität wurde. Nachdem auch im Oberpinzgau nach hartem politischen Ringen die Entscheidung zugunsten des Naturschutzes ausfiel, war auch in Salzburg der Weg frei für den Nationalpark.

Mit dem Inkrafttreten des Salzburger Nationalparkgesetzes im Jahre 1984 und der damit verbundenen Ausweisung einer Schutzgebietsfläche von vielbeachteten 660 Quadratkilometern in den überaus eindrucksvollen Oberpinzgauer Seitentälern gab der

Nationalpark Hohe Tauern ein kräftiges Lebenszeichen von sich. Bereits zwei Jahre später folgten Erweiterungen in der Ankogel- und Hafnergruppe. Sie machten Pläne um den weiteren Ausbau der Wasserkraft sowohl in Kärnten als auch in Salzburg zunichte. Gerade für das von der Energiewirtschaft ohnedies schon stark in Mitleidenschaft gezogene Oberkärnten war dies ein bedeutender Schritt, da mit dem in der Gemeinde Mallnitz gelegenen Dösen-, Tauern- und Seebach die letzten noch völlig intakten Gebirgsbäche gerettet werden konnten. Als schließlich die Bundesregierung im Jahre 1989 – wegen prognostizierter Unwirtschaftlichkeit – das Dorfertalprojekt zurückzog, setzte auch die Tiroler Landesregierung konkrete Schritte zur Realisierung des Nationalparks in Osttirol.

1991, oder 20 Jahre nach Heiligenblut, kam es zum langersehnten Beitritt Tirols.

Heute ist der Nationalpark Hohe Tauern mit insgesamt etwas mehr als 1.800 Quadratkilometern und den im Westen angrenzenden Naturpark Rieserferner (Südtirol) das größte Schutzgebiet in den Alpen. Auch wenn bei der Zonierung Kompromisse unübersehbar sind, erweist sich das angewendete Schutzkonzept als zweckmäßig. Sowohl in der Außenzone – vorwiegend Almen und zum Teil Waldgebiete – als auch in der Kernzone sind großtechnische Erschließungsprojekte per Gesetz verboten.

Mit der im Jahre 1994 erfolgten Unterzeichnung der „Vereinbarung zwischen dem Bund und den Ländern Kärnten, Salzburg und Tirol über die Zusammenarbeit in Angelegenheiten des Schutzes und der Förderung des Nationalparks Hohe Tauern" ist eine harmonisierte Weiterentwicklung ungeachtet der Interessen der einzelnen Länder sichergestellt.

Aufgaben für die Zukunft

Heute zielen die Schutzbemühungen der Länder und des Bundes in zwei Stoßrichtungen. In der Außenzone gilt es durch eine gezielte Förderung almwirtschaftlicher Maßnahmen das charakteristische Landschaftsbild zu erhalten.

Angepasste Bewirtschaftungsformen sollen dazu beitragen, die außergewöhnliche Vielfalt an Pflanzen- und Tierarten nachhaltig zu schützen. Im Gegensatz dazu wird in der Kernzone, in den höher gelegenen Gebieten – überwiegend Eis- und Felsregion –, wo menschliche Eingriffe generell ausgeschlossen sind, das Ziel verfolgt, mindestens dreiviertel dieser Flächen von jeglicher wirtschaftlicher Nutzung zu befreien.

Als besondere Herausforderung für die Nationalparkplaner erweist sich dabei die Einrichtung von großflächigen „Wildruhegebieten".

Auf diese Art und Weise will man den höchsten für Nationalparke weltweit gültigen Standards gerecht werden. Für den Kärntner Anteil konnte der Nachweis dafür schon erbracht werden, wozu seitens der IUCN (World Conservation Union) im Juli 2001 offiziell die Anerkennung als Nationalpark der IUCN-Kategorie „Nationalpark" ausgesprochen wurde. Salzburg und Tirol sind auf dem besten Weg, diese „internationale Anerkennung" ebenfalls in Bälde zu erreichen.

Die Umsetzung dieser hohen Ansprüche ist zeit- aber auch kostenintensiv, weil sich der überwiegende Teil des Schutzgebietes im Eigentum der bäuerlichen Bevölkerung befindet und es das übergeordnete Ziel der Verantwortlichen ist, sämtliche Maßnahmen im Einklang mit den Grundeigentümern und Nutzungsberechtigten durchzuführen. Nicht durch zusätzliche gesetzliche Bestimmungen, sondern vielmehr durch eine verstärkte Miteinbeziehung der unmittelbar Betroffenen und durch eine Vielzahl von Aktivitäten zur Bewusstseinsbildung soll der Nationalpark Hohe Tauern auch in Zukunft seinen vielfältigen Funktionen gerecht werden.

Auf diese Art und Weise kommt dem ersten und mit Abstand größten Nationalpark Österreichs internationaler Vorbildcharakter zu.

Eine Vielzahl von „nationalparkgerechten" Einrichtungen und Programmen tragen dazu bei, dass die Besonderheiten der Hohen Tauern nicht nur erlebt, sondern auch im wahrsten Sinne des Wortes „begriffen" werden können.

Auch wenn die Bemühungen, in den Hohen Tauern einen Nationalpark einzurichten, sehr schwierig waren und lange dauerten und einige wertvolle Gebiete aufgrund zuvor erfolgter Eingriffe nie mehr als Nationalpark ausgewiesen werden können, ist der Nationalpark Hohe Tauern ein Symbol für einen verantwortungsvollen Umgang der Gesellschaft und mit unseren natürlichen und kulturellen Ressourcen.

Peter Rupitsch
DIREKTOR DES NATIONALPARK HOHE TAUERN – KÄRNTEN

Kärnten

Vorhergehende Doppelseite und rechts:
Während die Spitze des Großglockners (3798 m) im ersten Morgenlicht leuchtet, nähern sich bereits die ersten Bergsteiger seinem Gipfel. Der höchste Berg Österreichs gehört zu den populärsten Anstiegen in den Alpen. Dementsprechend gut ist er an Schönwetter-Wochenenden im Sommer besucht.

Mehr als dreihundert Dreitausender liegen ihm zu Füßen. Während ihre Gipfel noch im Schatten liegen, leuchtet seine Spitze bereits feurig im Morgenlicht. Mit 3798 Meter ist der Großglockner der höchste Berg Österreichs und Herzstück des Nationalpark Hohe Tauern. Spitz wie eine Pyramide ist sein Gipfel, schroff und eisbewehrt seine steil abfallenden Flanken. Unbezwingbar erscheint er, als ob es noch nie ein Mensch gewagt hätte, seinen Fuß auf dessen Gipfel zu setzen. Doch bei genauerem Hinsehen erkennt man winzige Punkte im Schnee, die sich unterhalb des Gipfels in kleinen Gruppen fast unmerklich bewegen. Es sind Menschen. Dick vermummt, mit Seilen aneinandergebunden und schwer bepackt, nähern sie sich langsamen Schrittes dem Gipfelkreuz. An ihren Bergschuhen haben sie spitze, scharfkantige Steigeisen befestigt. Sie geben ihnen an jenen Stellen Halt, die schon so manchem Bergsteiger zum Verhängnis wurden. Ihre Eispickel schlagen sie hart in das Eis. Wie emsige Ameisen beim Bau eines Reisighaufens wirken sie aus der Ferne. Während im Jahre 1800 die Erstbesteigung des Großglockners als übermenschliche Höchstleistung galt, erklimmen heute jedes Jahr Tausende mehr oder minder gut ausgerüstete Bergtouristen den Gipfel. Ermöglicht wurde dieser Ansturm erst durch den Bau der Großglockner-Hochalpenstraße, die eine bequeme Anfahrt bis an den Fuß des Großglocknermassivs gestattet. Auf einer Länge von 57 Kilometern windet sich die 1935 eröffnete Bergstraße in unzähligen Kehren durch die spektakuläre Hochgebirgswelt des Nationalparks. Heute nutzen jährlich etwa eine Million Menschen die Möglichkeit, mit dem Fahrzeug aufzufahren und sich am Anblick gletscherbehangener Gipfel, am Duft blühender Bergwiesen und an der Beobachtung der alpinen Tierwelt zu erfreuen.

Als ob er sich nicht mit irgendeinem Gletscher zufrieden geben wolle, schmückt sich der Großglockner an seiner Basis mit dem längsten Gletscher der Ostalpen, der Pasterze. Wie ein gewaltiger, zu Eis erstarrter Fluss liegt der über acht Kilometer lange Eispanzer zwischen den hoch aufragenden Bergen. Das Eis erreicht am oberen Pasterzenboden eine Dicke von bis zu 250 Metern. Niederschläge fallen hier oben selbst im Sommer oft als Schnee. Schicht auf Schicht stapelt sich dieser im Nährgebiet des Gletschers, wo er abwechselnd schmilzt und gefriert. Durch den Druck überlagernder Schichten wird der Schnee in einem jahrelangen Prozess letztendlich zu Eis. Wissenschaftler haben herausgefunden, dass eine Schneeflocke, die im Nährgebiet des Gletschers niedergeht, mehrere hundert Jahre benötigt, bis sie an der Gletscherzunge als Tropfen wieder in den Wasserkreislauf gelangt. Der Gletscher ist jedoch keine starre Masse. Er bewegt sich. Unmerklich aber stetig fließt er talwärts.

Rechte Seite:
Die Pasterze am Fuß des Großglockners ist mit einer Länge von mehr als acht Kilometern und einer Fläche von 18 km² der größte Gletscher der Ostalpen. Der allgemeine Flächen- und Volumenverlust der Alpengletscher verschonte auch sie nicht. Seit der Mitte des 19. Jahrhunderts hat sich ihr Volumen halbiert. Alleine im letzten Jahr büßte die Pasterze 30 Meter an Länge und über sechs Meter an Dicke ein.

Warme Sommer beschleunigen, kalte Winter bremsen ihn. In der Mitte bewegt er sich schneller als an den Rändern. Wenn die Zugkräfte zu groß werden, zerreißt er, begleitet von einem dumpfen, furchteinflößenden Krachen. Lange Risse entstehen. Kreuz und quer ziehen sich die Spalten wie Narben über den gesamten Gletscher.

Mit unvorstellbarer Kraft drückt der Eispanzer auf den unter ihm liegenden Fels, zermahlt das Gestein zu feinstem Sand. Gletschermilch wird das Schmelzwasser des Gletschers genannt, da es den Sand in großen Mengen mitführt und so eine milchig-trübe Farbe bekommt. An Spätnachmittagen im Sommer erreicht die Abschmelzung ihren Höhepunkt. Dann schwillt der Gletscherbach massiv an. Selbst unten im Tal noch verdicken sich die zahlreichen Wasserfälle merklich.

Hier oben, im Reich des ewigen Eises, hört man oft ein sonderbares Krachen. Loses Geröll, das die steilen Hänge herunterkullert, zerbirst an Felsen. Man glaubt den Grund für den Lärm gefunden zu haben, doch das Krachen hört nicht auf. Wird immer häufiger und heftiger, kommt von hoch oben her. Dort im steilen Gelände, wo sich sonst kaum ein Tier hinwagt, hat sich ein Rudel Steinböcke eingefunden. Ihre Körper sind stämmig, die nach hinten gebogenen Hörner mächtig. Etwas abseits stehen sich zwei Böcke gegenüber. Sie richten sich auf, balancieren auf den Hinterläufen, neigen den Kopf etwas zur Seite, um sogleich ihre Schädel ungestüm gegeneinander zu stoßen. Die Köpfe prallen mit voller Wucht aufeinander. Das Krachen ihrer harten Hörner ist weithin zu hören. Steinböcke sind hervorragend an das Leben im Hochgebirge angepasst. Ihre tiefgespaltenen Hufe und die gummiartigen Zehenballen helfen ihnen, selbst an den steilsten Hängen Halt zu finden. Böcke und Geißen leben meist gesellig in getrennten Rudeln. Nur zur Brunftzeit im Dezember und Januar mischen sie sich. Dann liefern sich die Böcke meist ausgedehnte Kämpfe um die Gunst der Weibchen. Nach der Paarung gehen die Tiere wieder getrennte Wege. In der Zeit zwischen Mai und Juli, in der die alpinen Rasen und Bergwiesen Nahrung im Überfluss bieten, gebären die Geißen zumeist ein Kitz.

Aufgrund der vielfältigen Zusammensetzung des geologischen Untergrundes gedeiht hier eine besonders artenreiche Alpenflora. Im Bergfrühling bilden die bunten Farbtupfer unzähliger Blütenpflanzen einen schönen Kontrast zur eintönigen Farbpalette der Gebirgsregion. Der Steinbrech leuchtet gelb zwischen grauen Steinen hervor, während der Enzian blaue Teppiche bildet und damit die Bergwiesen schmückt. An kleinen Tümpeln verfängt sich der Wind im dichten weißen Wollschopf des Wollgrases und lässt ihn sanft in dessen Rhythmus schwingen. Das streng geschützte Edelweiß wächst hier noch zahlreich an sonnigen, kalkreichen Rasenhängen. Zahlreiche Insekten schwirren durch die Luft und laben sich an den attraktiven Blüten. Eine botanische Kostbarkeit von höchstem Rang stellt die Gamsgrube, ein etwas oberhalb des Pasterzengletschers in einer Mulde gelegenes Sonderschutzgebiet, dar. Auf bis zu drei Meter hohen Flugsandablagerungen bildete sich eine lockere Steppenrasenvegetation, durchsetzt mit sibirischen und antarktischen Pflanzenarten. Durch ihre Einzigartigkeit wurde die Gamsgrube zur Pilgerstätte für Botaniker aus der ganzen Welt.

Da die Pflanzendecke im Winter von einer dicken Schneeschicht überzogen ist, müssen sich die Stein-

Gletscherspalten sind sichtbare Zeichen der Gletscherbewegung. Werden die Zerrkräfte im fließenden Eis zu hoch, reißt die Oberfläche mit einem lauten, dumpfen oder scharfen Knall auf. Längsspalten entstehen durch unterschiedliche Fließgeschwindigkeiten innerhalb des Gletschers. Am Rand fließt das Eis langsamer als in der Mitte, an der Oberfläche schneller als am Grund. Die Entstehung von Querspalten hingegen ist auf Geländeunebenheiten zurückzuführen.

Die Pasterze nimmt ihren Ausgang in einem riesigen Firnbecken zwischen Großglockner (3798 m), Johannisberg (3453 m) und Bärenkopf (3358 m), stürzt sich über einen 400 Meter hohen, wild zerklüfteten Gletscherabbruch, und streckt ihre Zunge bis zur Franz-Josefs-Höhe hinunter. Der „Gletscherweg Pasterze" führt den Besucher hautnah an den Gletscher heran und vermittelt an zahlreichen Haltepunkten Wissenswertes zu den mächtigen Moränenwällen und Gletscherschliffen in dessen Vorfeld.

böcke in der kalten Jahreszeit weitaus mehr Mühe bei der Nahrungsbeschaffung geben. Geschützt durch ein dichtes Winterfell suchen sie an exponierten Graten und Kuppen nach Kräutern und Gräsern, die von eisigen Bergwinden freigeweht wurden. Eine ganz andere Strategie hat das Murmeltier entwickelt. Während sich die Steinböcke gegen Schneestürme stemmen und tiefen Temperaturen ausgesetzt sind, hält das Murmeltier nicht viel von solcherlei Heldentum. Bereits im Spätsommer hat es seinen unterirdischen Bau dick mit Gras ausgepolstert und sich beachtliche Nahrungsreserven angefressen. Schon bevor der erste Schnee fällt, zieht sich die übergewichtige Murmeltierfamilie in den frostsicheren Winterbau zurück. Nun verschläft sie aneinandergekuschelt den Winter in der angenehm temperierten Höhle und träumt bereits vom Nahrungsangebot des kommenden Frühlings. Erst im April verlässt die abgemagerte Sippe den Bau. Der erste Gedanke gilt dann gleich dem Fressen.

Doch trotz großen Hungers sind die Murmeltiere sehr vorsichtig, denn von oben lauert stets Gefahr. Ein Steinadler zieht am Himmel weite Kreise. Seine breiten Schwingen werfen einen dunklen Schatten auf ein Murmeltier, das gerade sein Verdauungsschläfchen in einer Bodenmulde beginnen wollte. Plötzlich ein schriller Schrei.
Das wachsame Murmeltier hat den Adler noch rechtzeitig erblickt und mit einem lauten Pfiff seine Familienbande gewarnt. Jetzt gibt es Stress im sonst so ruhigen Murmeltieralltag. Blitzschnell rennen sie mit ihren kurzen Beinen zu ihrem Bau und verschwinden unter der Erde. Diesmal muss der Adler ohne Beute abziehen, doch wird sich ihm schon bald die nächste Gelegenheit bieten. Murmeltiere gehören zur Hauptnahrungsquelle des Steinadlers. Seine Körperkraft erlaubt es ihm aber auch, größere Beutetiere wie junge Gemsen oder Steinböcke zu schlagen. Steinadler beanspruchen ein riesiges Revier. Auf der Jagd lassen sie sich von

Wenn zwei Steinböcke miteinander kämpfen, versuchen sie von einem höheren Platz aus als der Gegner anzugreifen, um sich dadurch einen Vorteil zu verschaffen. Die steilen Hänge und zahlreichen Felsblöcke im Hochgebirge bieten ihnen dazu reichlich Gelegenheit. Zur Fortpflanzungszeit im Dezember können diese Kämpfe mitunter auch sehr heftig geführt werden.

Der Alpensalamander ist in mehrfacher Hinsicht eine Besonderheit. Als einziger Lurch Europas hat er sich vom offenen Wasser völlig gelöst, wodurch er auch in der Lage ist, extreme Bereiche im Gebirge zu besiedeln. Einzigartig ist auch seine Fortpflanzung. Im Gegensatz zu allen anderen Lurchen bringt der Alpensalamander lebende Junge zur Welt. Die gesamte Embryonal- und Larvenentwicklung findet im Mutterleib statt und dauert je nach Höhenlage zwischen zwei und vier Jahre.

Gämsen sind im Hochgebirge recht häufig zu beobachten. Sie haben eine schlanke, ziegenartige Statur sowie eine ausgeprägte Gesichtsmaske und tragen kleine, an der Spitze nach hinten gebogene Hörner, an deren Ringen sich ihr Alter ablesen lässt. Sie sind sehr gewandte Kletterer, die bei drohender Gefahr einen langgezogenen, heiseren Pfiff ausstoßen.

Aufwinden hoch in den Himmel tragen. Haben sie mit ihren scharfen Augen ein Beutetier erblickt, werfen sie sich im Sturzflug darauf und töten dieses anschließend mit Hilfe ihrer scharfen Krallen. Ihre Horste haben sie in Felsnischen unterhalb der Waldgrenze angelegt, da es für sie leichter ist mit der manchmal schweren Beute bergab zu fliegen. Die kleinen Tiere des Waldes haben hingegen vom Steinadler nichts zu befürchten. Amphibien wie Salamander und Frösche, die den Winter in einem frostsicheren Versteck im Wald in einer Kältestarre überdauert haben, kommen nun an die Oberfläche. Wie auf ein Zeichen hin strömen gleichzeitig Tausende von Fröschen zu ihren angestammten, oft weit entfernten Laichplätzen. Während dieser zielgerichteten Wanderung zum Laichplatz wird keine Nahrung aufgenommen. Ansonsten sind Frösche keine Kostverächter. Alles was ins Maul passt und sich nicht zu schnell bewegt wird mit ihrer langen, klebrigen Zunge erbeutet. Feuersalamander hingegen sind Einzelgänger und halten wenig von solchen Massenansammlungen. Sie bevorzugen von Bächen durchflossene, unberührte inneralpine Laubwälder für die Fortpflanzung. Im Gegensatz zu den Fröschen, die im seichten Wasser der Stillgewässer dichtgedrängt ihre Laichballen absetzen, erfolgt die Reifung der Eier bei den Feuersalamandern im Mutterleib. Die Weibchen laufen gemächlich über den weichen Boden des Waldes zum Wasser, um ihre Larven zur weiteren Entwicklung dem klaren Waldbach zu übergeben.

Die Rangordnung unter den Böcken wird durch ritualisierte Kämpfe ausgefochten. Bereits im Jugendalter üben sie es spielerisch. Zum Kampf stellen sich die Gegner auf die Hinterbeine und schlagen ihre Hörner krachend zusammen. Das Aufrichten des Körpers dient dem Imponieren und wird oft bereits aus größerer Entfernung gezeigt.

Steinböcke halten sich mit Vorliebe oberhalb der Waldgrenze in steilen, felsigen und reichgegliederten Hängen auf. Weibchen mit ihren Kitzen und Männchen leben außerhalb der Brunftzeit getrennt in Gruppen mit bis zu 30 Tieren. Die Männchen sind mehr als doppelt so schwer wie die Weibchen. Ihre säbelartig nach hinten gebogenen Hörner erreichen eine Länge von bis zu einem Meter und ein Gewicht von bis zu fünfzehn Kilogramm.

Kein Tier im Nationalpark ist so gut an die rauen Lebensbedingungen angepasst wie der Alpensteinbock. Steinböcke sind sehr gute und sichere Kletterer. Die Innenfläche ihrer Hufe ist weich und schmiegt sich so der Trittfläche gut an, während der scharfkantige Hufrand hart ist und an den kleinsten Unebenheiten Halt findet. So können sie ihre Nahrung, die vorwiegend aus Gräsern, Kräutern und niedrigen Holzgewächsen besteht, selbst an den unzugänglichsten Stellen erreichen.

Das streng geschützte Edelweiß gilt als die Königin unter den Alpenblumen. Es stammt ursprünglich aus dem Himalaja und ist während der Eiszeiten auch im Alpenraum heimisch geworden. Das Edelweiß liebt sonnige, kalkreiche Rasenhänge, kann aber aufgrund der tiefgehenden Wurzeln auch an Felshängen gedeihen. Die dichte Behaarung schützt den Stiel und die Blätter vor zu starker Sonneneinstrahlung und hält aufgrund der windstillen Luftschicht zwischen den Härchen die Feuchtigkeit zurück.

Ihre charakteristische Form gab den Landkartenflechten ihren Namen. Flechten bestehen aus einem Pilz und Algen, die in Symbiose leben. Feine, eng verschlungene Pilzfäden umspinnen die Algen oder dringen sogar in sie ein. Dies ermöglicht einen Austausch von Stoffen zwischen den beiden Partnern. Dank dieser Lebensgemeinschaft können Flechten sogar auf nacktem Fels gedeihen.

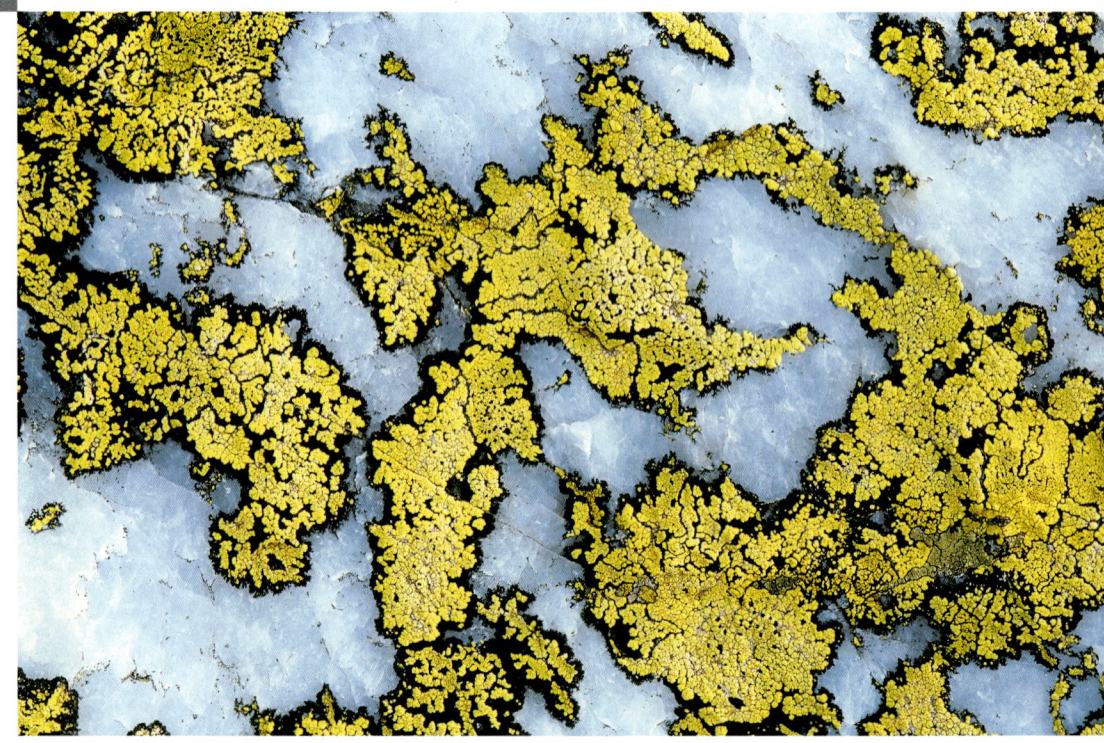

Alpen-Küchenschellen sind im Nationalpark Hohe Tauern noch weit verbreitet. Es sind robuste, ausdauernde Pflanzen, die oft in vielblütigen Büscheln wachsen. Zwischen Juni und August stehen die schneeweißen Blüten in reizvollem Kontrast zur kargen Steinwüste des Hochgebirges.

Im Frühling bilden die dichtgedrängten, leuchtend-blauen Blüten des Enzians wunderschöne Blumenteppiche. Alpenblumen müssen mit der großen Lichtintensität und der hohen Ultraviolettstrahlung zurechtkommen. Zum Schutz lagern sie UV-absorbierende Pigmente ein, die wie eine Sonnencreme wirken und zudem für ihre intensive Farbe verantwortlich sind. Würde man einen Enzian ins Flachland verpflanzen, würden seine Blütenblätter schon bald zu einem gewöhnlichen Blau verblassen.

Die Frühlings-Küchenschelle blüht oft bereits wenn noch Schnee liegt. Bei trübem Wetter sind die Blütenkelche geschlossen. Erst bei Sonnenschein öffnen sich die großen, glockenartigen Blüten, die rundherum zottig behaart sind. Nach der Blüte verlängern sich die fedrig behaarten Griffel zu einem weißen Haarschopf. Frühlings-Küchenschellen wachsen in kleinen Gruppen auf alpinem Rasen und bevor-zugen saure, kalkarme Böden.

Schon bald nachdem der Winter die Berge aus seiner eisigen Umklammerung entlassen hat, schmückt ein buntes Blütenmeer die Bergwiesen. Aufgrund der manchmal nur wenige Wochen dauernden Vegetationsperiode müssen Blütenpflanzen in kürzester Zeit blühen und ihre Samen verbreiten. Die betörende Farbenpracht und der Nektarreichtum der Alpenblumen lockt zahlreiche Insekten zur Bestäubung an. Darüber hinaus können sich Alpenpflanzen aber auch selbst bestäuben, was ihre Fortpflanzung von Insekten unabhängig macht.

Eine interessante Lebensgemeinschaft stellen die Verlandungszonen von kleinen Seen und Tümpeln der alpinen Stufe dar. Im Sommer umgibt oft ein dichter, weißer Ring aus Tausenden Blütenständen des Wollgrases das Wasser. Die lange Fruchtperücke macht die Bestände des Wollgrases schon von weitem sichtbar.

Hübsche, dichte Wollbällchen sitzen dem langen Stiel des Scheuchzers Wollgras obenauf. Die Blüte ist wie bei vielen Gräsern zuerst unscheinbar grünlich. Nach dem Verblühen hingegen wachsen die fadenartigen Blütenblätter zu langen schneeweißen Haaren aus, an denen die Samen hängen. Die weiße Pracht dauert allerdings nur kurz, denn schon bald trägt der Wind die seidigen Härchen fort.

Im Gegenlicht sind die zottig behaarten Stiele der Alpen-Küchenschelle gut zu erkennen. Lange nachdem die schneeweißen Blüten verblüht sind, finden sich noch fedrige, haarschopfartige Fruchtstände, die im Volksmund als „Petersbart" oder „Grantiger Jager" („schlechtgelaunter Jäger") bezeichnet werden, an den Halmen.

Kärnten

Murmeltiere leben gesellig in Familiengruppen. Nach dem Winterschlaf, den sie im bis zu drei Meter tiefen Winterbau verbringen, erfolgt schon bald die Paarung. So hat der Nachwuchs ausreichend Zeit, sich Fettreserven für den ersten Winterschlaf anzufressen. Nach einer Tragzeit von 34 Tagen wirft das Weibchen bis zu sieben Jungtiere, die bis zur Geschlechtsreife im Familienverband bleiben.

Freie Almflächen, alpine Rasen und Blockfelder zwischen 1400 und 2700 Meter Seehöhe sind der bevorzugte Lebensraum der Murmeltiere. Hier legen sie ihre weitverzweigten, unterirdischen Baue an. Während ihre Sommerbaue nahe an der Oberfläche liegen, sind die Winterbaue wesentlich tiefer und frostsicher angelegt. Kleine Geländekuppen dienen ihnen als Aussichtswarte, von der sie nahende Gefahr gut erkennen können.

Zu den bekanntesten, felsenbewohnenden Pflanzen gehören Steinbrechgewächse. Sie schieben ihre Wurzeln weit in die feinen Spalten zwischen Felsen, Geröll und Schutt. Das von Wind und Wasser herangetragene organische Material, das sich dort angesammelt hat, dient ihnen dabei als Lebensgrundlage. Ihr Name entspringt ihrem Wuchsort in Felsspalten und der fälschlichen Annahme, dass ihre Wurzeln die Felsen zu sprengen vermögen.

Wenn im Sommer die Sonne an Kraft gewinnt, schmilzt die Schneedecke an den Bergspitzen, die im Winter noch meterdick war, rasch weg. Unzählige Bäche bilden sich dann und fließen an den Berghängen herab, sammeln sich zwischendurch in Tümpeln oder kleinen Seen, um dann wieder als eindrucksvolle Wasserfälle von Felskanten zu stürzen. An jenen Stellen, die nur kurz oder gar nicht den Sonnenstrahlen ausgesetzt sind, hält sich der Schnee das ganze Jahr über.

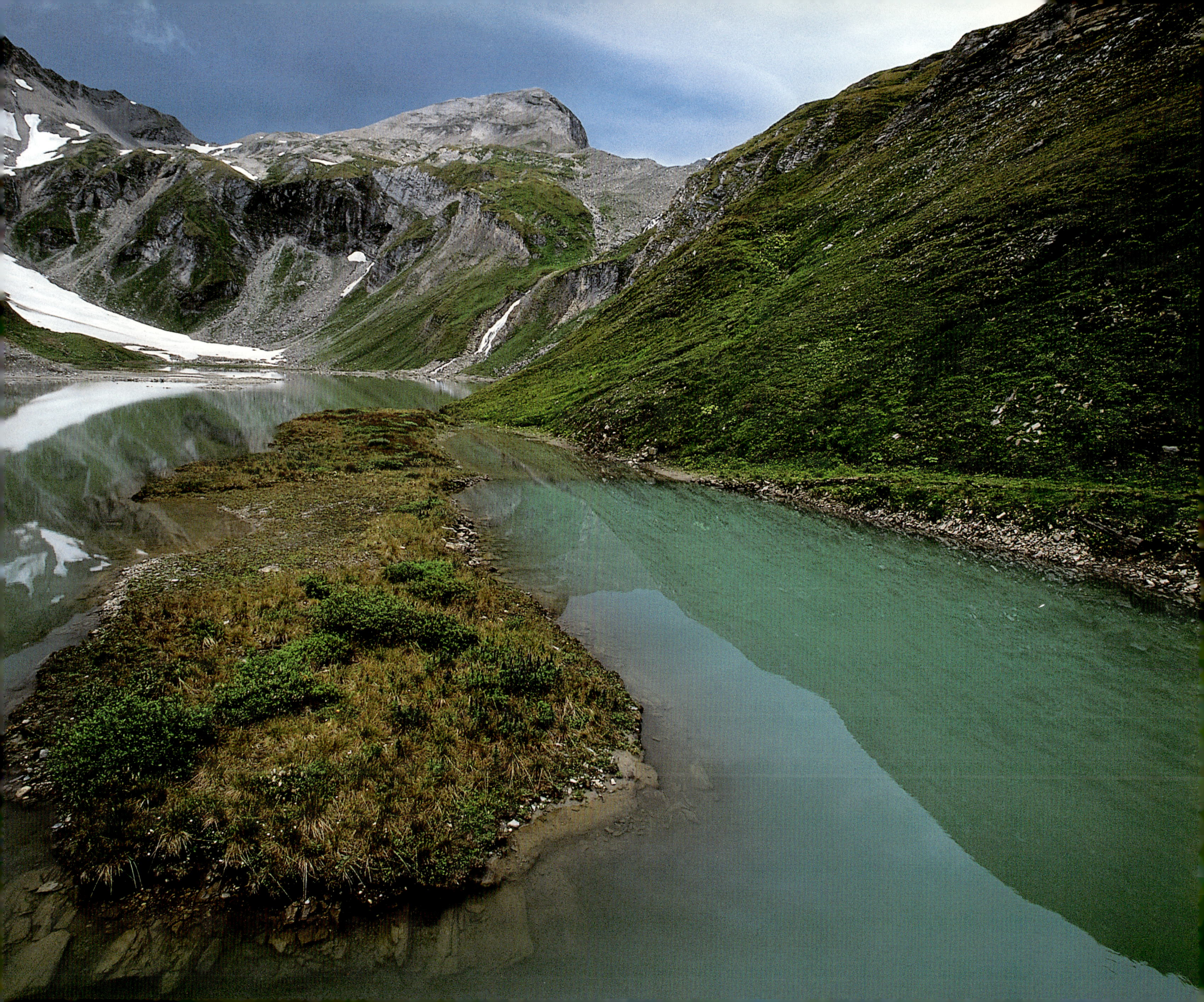

Das Kachlmoor entstand durch Verlandung einer wassergefüllten Senke. Jedes Frühjahr wird das dicht mit Sumpfschachtelhalmen bewachsene Moor Schauplatz eines außergewöhnlichen Naturschauspiels. Tausende Frösche strömen gleichzeitig an ihren angestammten Laichplatz, um sich zu paaren und abzulaichen. Zahlreiche Laichklumpen, bestehend aus unzähligen, von einer Gallerthülle umgebenen Eiern, werden dann von verschiedenen Amphibienarten im Wasser abgesetzt.

Kurz vor der Einmündung in die Möll bei Heiligenblut donnert der Gößnitzbach über eine hundert Meter hohe Geländestufe. Ein Pfad führt bergan zu einem Felsvorsprung, der herrliche Ausblicke auf den Gößnitzfall ermöglicht und eine feuchte Begegnung mit seinem Sprühregen garantiert. Der Wasserfall ist Teil eines Naturlehrweges, welcher den Gößnitzfall mit dem naheliegenden Kachlmoor verbindet.

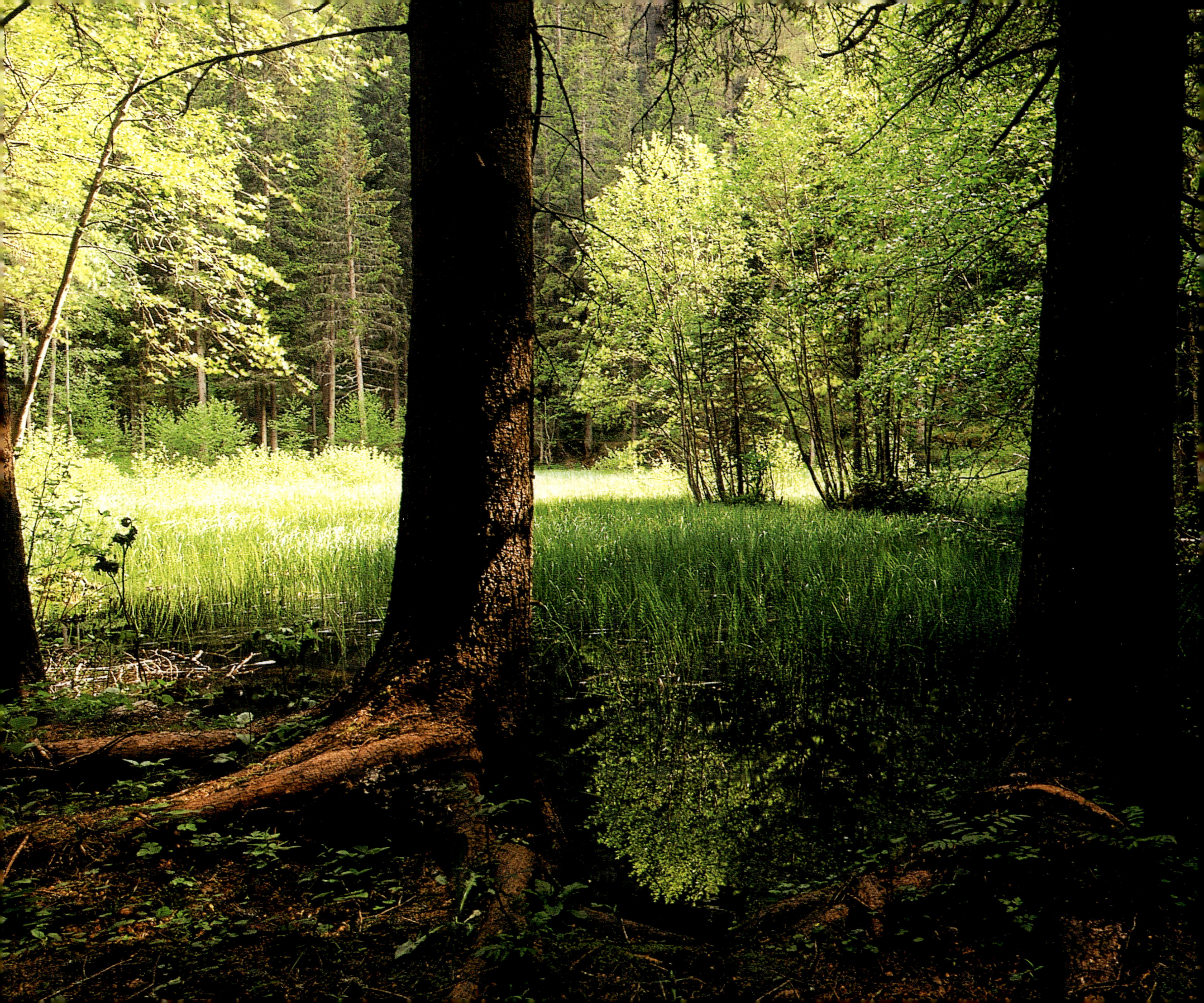

Der wildromantische Jungfernsprung-Wasserfall fällt 130 Meter tief ins Mölltal hinab. Einer Sage zufolge wurde er nach einer Sennerin benannt, die vor einem zudringlichen Jäger floh und in ihrer Not über diese Felskante sprang. Engel sollen die Sennerin aufgefangen und sicher ins Tal getragen haben. Der „Wasser-Wunder-Weg Jungfernsprung" führt zu einer Aussichtskanzel in unmittelbarer Nähe des Wasserfalls, wo sich zu bestimmten Tageszeiten ein zarter Regenbogen, der sich über den Wasserfall spannt, beobachten lässt.

Nachdem das Wasser vom Jungfernsprung in zahllose Regentröpfchen zerstreut wurde, sammelt es sich wieder und durchfließt einen zauberhaften Grauerlenwald, dessen Boden mit zahlreichen Farnen bewachsen ist. Grauerlen säumen mit Beständen unterschiedlichster Dichte sämtliche Alpenflüsse des Nationalparks. Durch ihre leicht verrottbaren Blätter und ihre Fähigkeit, mit Hilfe von Bakterien in den Wurzeln Luftstickstoff zu binden, tragen sie wesentlich zur Verbesserung des Bodens bei.

Die Kreuzspinne kann sehr gut an den typischen Kreuzflecken auf dem Hinterleib erkannt werden. Hier befinden sich auch die Spinnwarzen, aus denen die Spinnfäden abgegeben werden. Die kleinen Fangarme vor dem Kiefer sind hohl und können Gift in die Beute injizieren. Dies führt je nach deren Größe zu Lähmungen oder dem Tod. Als Beutetiere kommen vor allem kleine Insekten wie Schmetterlinge, Fliegen oder Heuschrecken in Frage. Nach der Lähmung der Beute spritzt die Spinne Säfte zur Verdauung in das Opfer, so dass sich die essbaren Bestandteile innerhalb der Chitinschicht auflösen und diese danach aussaugen lassen.

Mit Hilfe ihrer kräftigen, sprunggewaltigen Hinterbeine sind Frösche in der Lage, Insekten aus großer Entfernung direkt anzuspringen. Ihre klebrige Zunge heftet sich an die Beute und transportiert sie in den Mund. Da Frösche keine Muskeln zum Schlucken besitzen, befördern sie ihre Nahrung mit den Augen in den Magen, indem sie diese nach innen pressen. Mitunter nehmen sie auch ihre Hände zu Hilfe. Das Wissen um die Genießbarkeit ihrer Beute ist den Fröschen nicht angeboren. Alles was sich bewegt, wird angesprungen und einverleibt. Hat es einen schlechten Geschmack, wird es einfach wieder ausgewürgt.

Um trotz niedriger Außentemperaturen aktiv sein zu können, erzeugen Hummeln durch Zittern der kräftigen Flugmuskulatur Eigenwärme. Sie können ihren Körper dadurch soweit aufheizen, dass die zum Fliegen benötigte Temperatur von 30° bis 40° Celsius erreicht wird. Ihr ungewöhnlich dicker Haarpelz bewahrt sie zusätzlich vor zu großem Wärmeverlust. Ein unbehaarter „Brutfleck" auf der Unterseite ermöglicht den Stockhummeln, effektiv Wärme an die Brut abzugeben. Um Energie zu sparen, klettern Hummeln bisweilen von Blüte zu Blüte anstatt zu fliegen. Sie können aufgrund ihrer Größe und Kraft auch Blüten ausbeuten, die für Honigbienen nicht zugänglich sind. Viele Pflanzenarten können daher nur durch Hummeln überleben.

Das Drüsige Springkraut stammt ursprünglich aus dem Himalajagebiet, wurde in Europa als Gartenpflanze eingebürgert und tritt hier bereits seit dem 19. Jahrhundert verwildert auf. Die Blüten des Drüsigen Springkrauts sind reich an stark zuckerhaltigem Nektar und üben daher eine große Anziehungskraft auf Insekten aus. Sie werden vor allem durch Honigbienen, aber auch durch Hummeln bestäubt. Eine Pflanze kann etwa 4000 Samen produzieren, die aus der reifen Kapsel geschleudert werden und dabei Entfernungen von bis zu sieben Metern zurücklegen können.

Das Grüne Heupferd ist mit rund vier Zentimetern Körperlänge eine der größten heimischen Heuschrecken. Es ernährt sich zwar hauptsächlich von Insekten, verschmäht jedoch auch pflanzliche Kost wie Löwenzahn oder Vogelmiere nicht. Flinke Beutetiere werden im Sprung mit den Vorderbeinen ergriffen und sofort mit den Kiefern getötet. Bei Gefahr fliehen die Tiere durch Sprünge, die in eine Art Sprungflug übergehen können. Das Grüne Heupferd besitzt lange Flügel und ist deswegen ausgesprochen mobil. Die Männchen können durch schnelles Aneinanderreiben der Vorderflügel einen Schwirrgesang erzeugen, der gut 50 Meter weit zu hören ist.

Kärnten

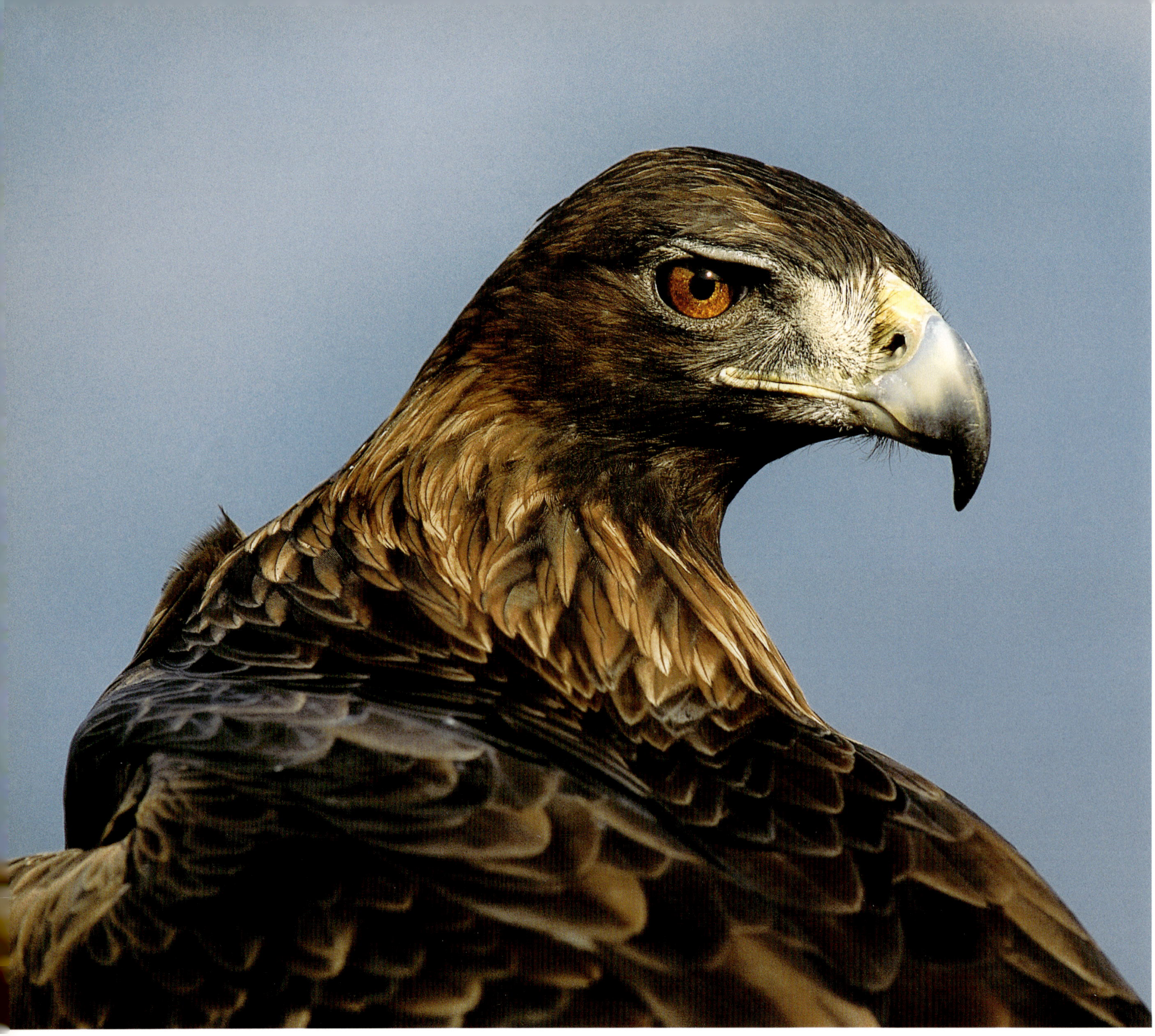

Dem Steinadler, dem Wappentier des Nationalpark Hohe Tauern, werden seit jeher Mut, Entschlossenheit und Stärke zugeschrieben. Dieser Eindruck wird durch den Überaugenknochen, der den Adler vor Verletzungen im Augenbereich schützt, noch verstärkt. Der Sehsinn des Steinadlers ist außerordentlich gut entwickelt, sodass er Beutetiere bereits aus großer Höhe erspähen kann. Der mächtige Schnabel dient nur zum Zerlegen der Beute und wird vom Adler trotz seiner Schärfe und dem spitzen Haken nicht als Waffe eingesetzt.

Der Steinadler ist ein Überraschungsjäger, der die Geländegegebenheiten im niedrigen Pirschflug geschickt ausnutzt. Aufgescheuchte Beutetiere schlägt er in der Luft oder am Boden. Seine messerscharfen, extrem kräftigen Krallen, die den Schädel eines Gams-Kitzes mühelos durchstoßen können, setzt er dabei zum Töten der Beute ein. Murmeltiere gehören vor allem im Sommer zu seinen Hauptbeutetieren. Da diese in engen Familienverbänden leben und stets auf der Hut vor Fressfeinden sind, misslingt dem Adler so mancher Angriff auf die possierlichen Murmeltiere.

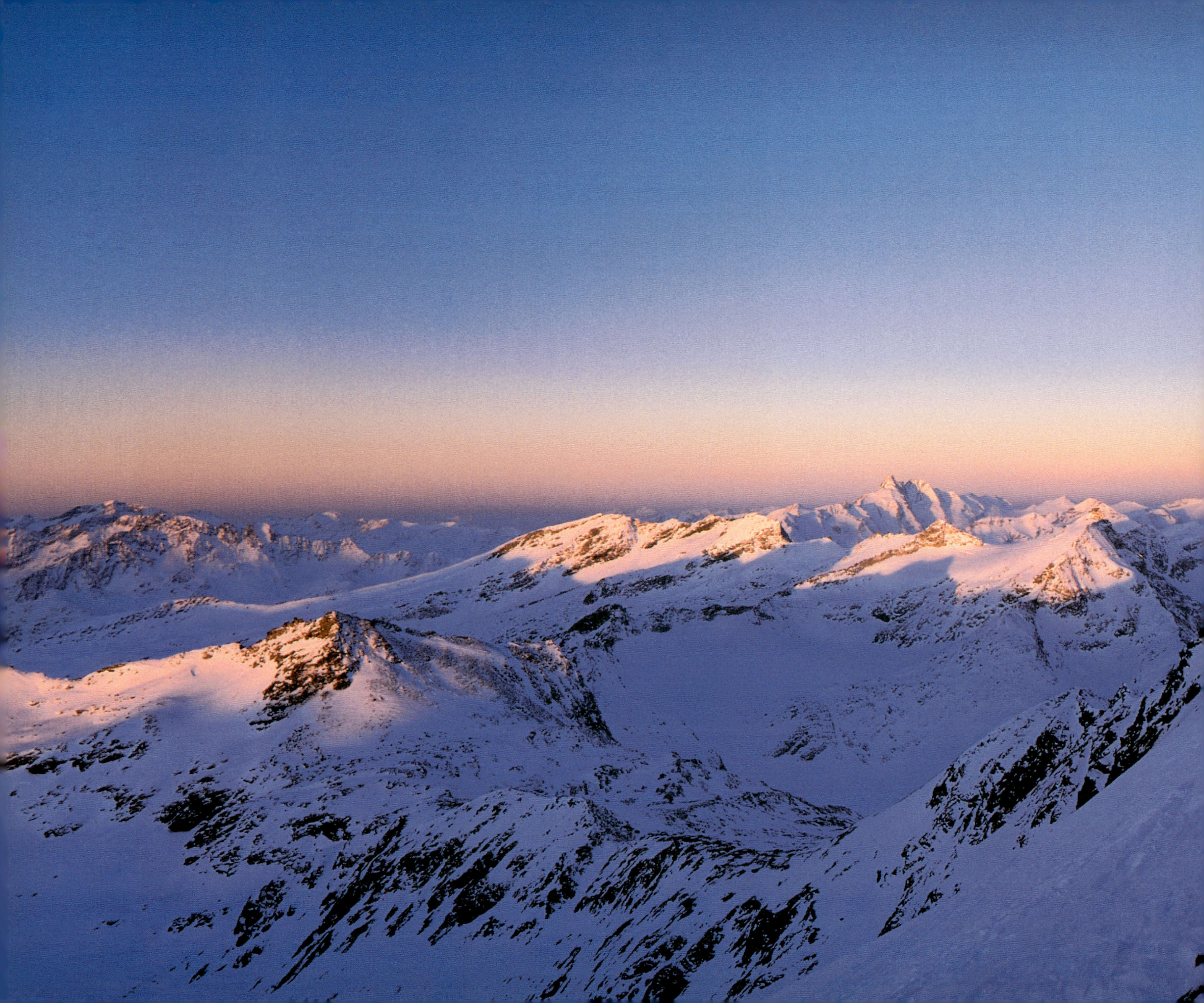

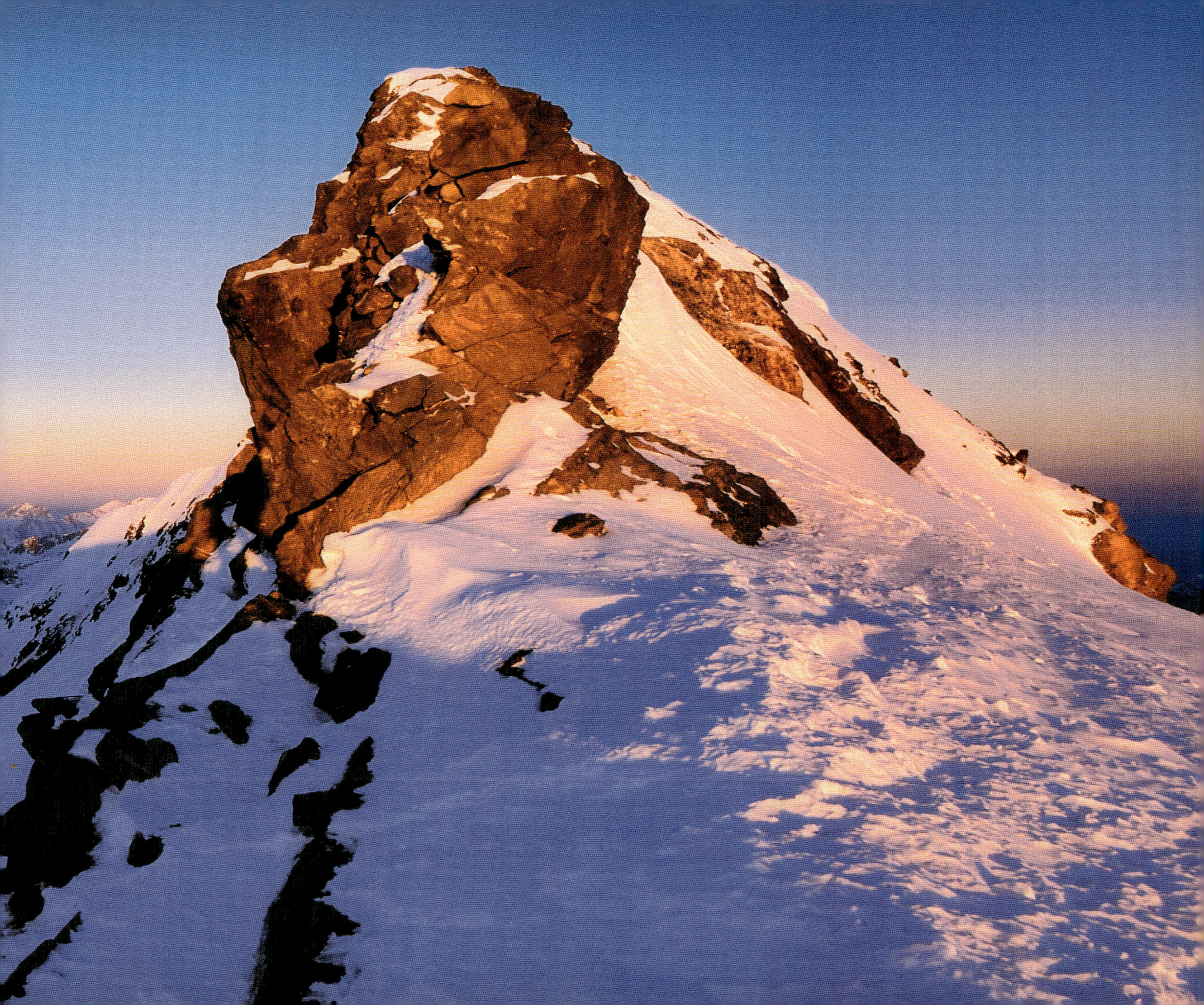

Vom Hannoverhaus hoch über dem Mallnitztal ist die Aussicht auf die Berge des Tauernhauptkammes nach allen Seiten atemberaubend. Die schroffen, scheinbar unüberwindbaren Bergspitzen lassen nicht vermuten, dass hier einst reger Saumhandel betrieben wurde. Der Handel mit Getreide, Früchten, Alkohol, Blei, Honig oder Seide über den Korntauern und den Mallnitzer Tauern hatte in historischen Zeiten große Bedeutung. Beim Übergang über den Korntauern handelt es sich sogar um den höchsten, in römischer Zeit befahrenen Alpenpass. Der „Kulturwanderweg Römerstraßen" folgt dem alten Saumweg, wo noch heute Reste der gepflasterten, römischen Fahrstraße zu sehen sind.

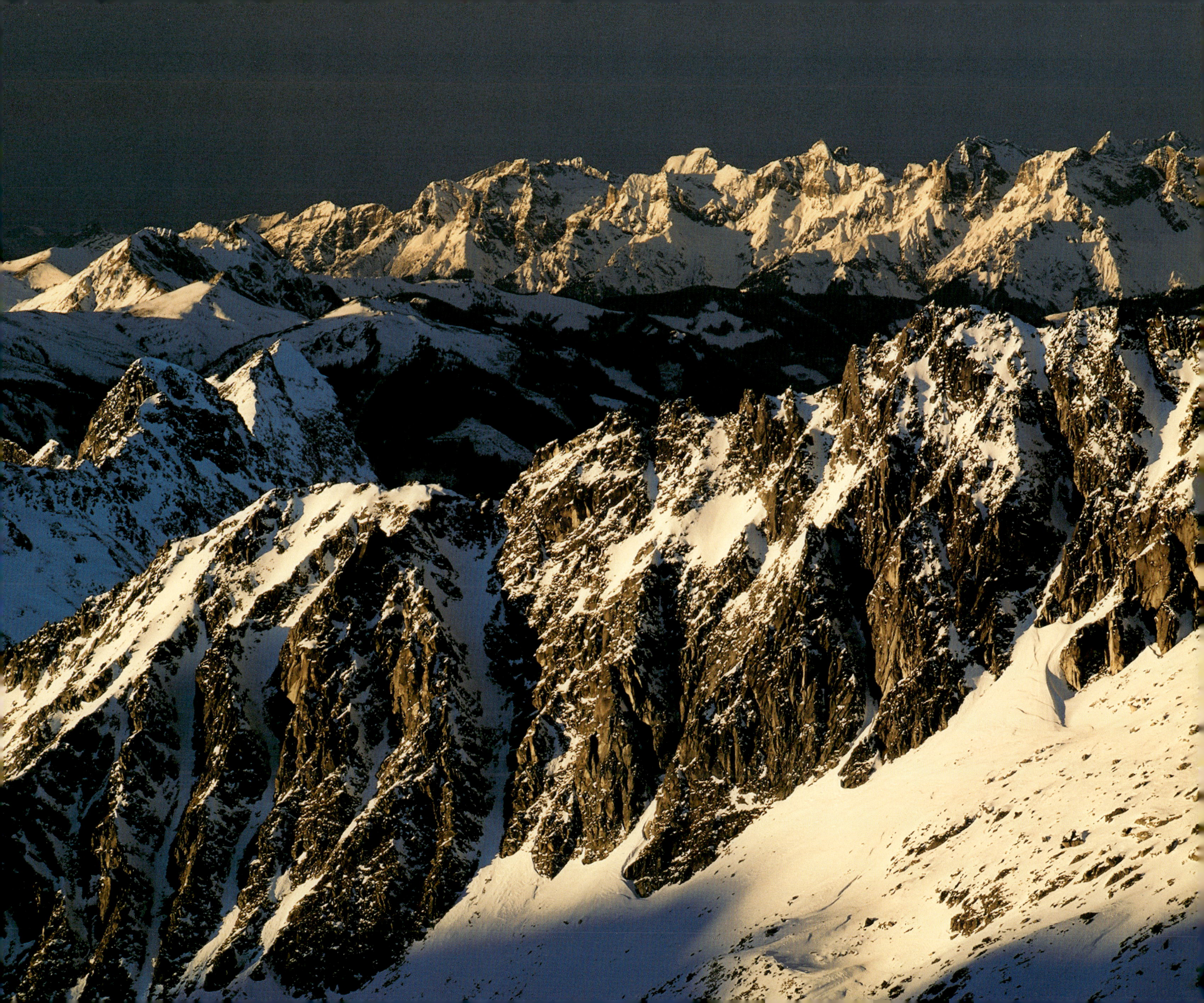

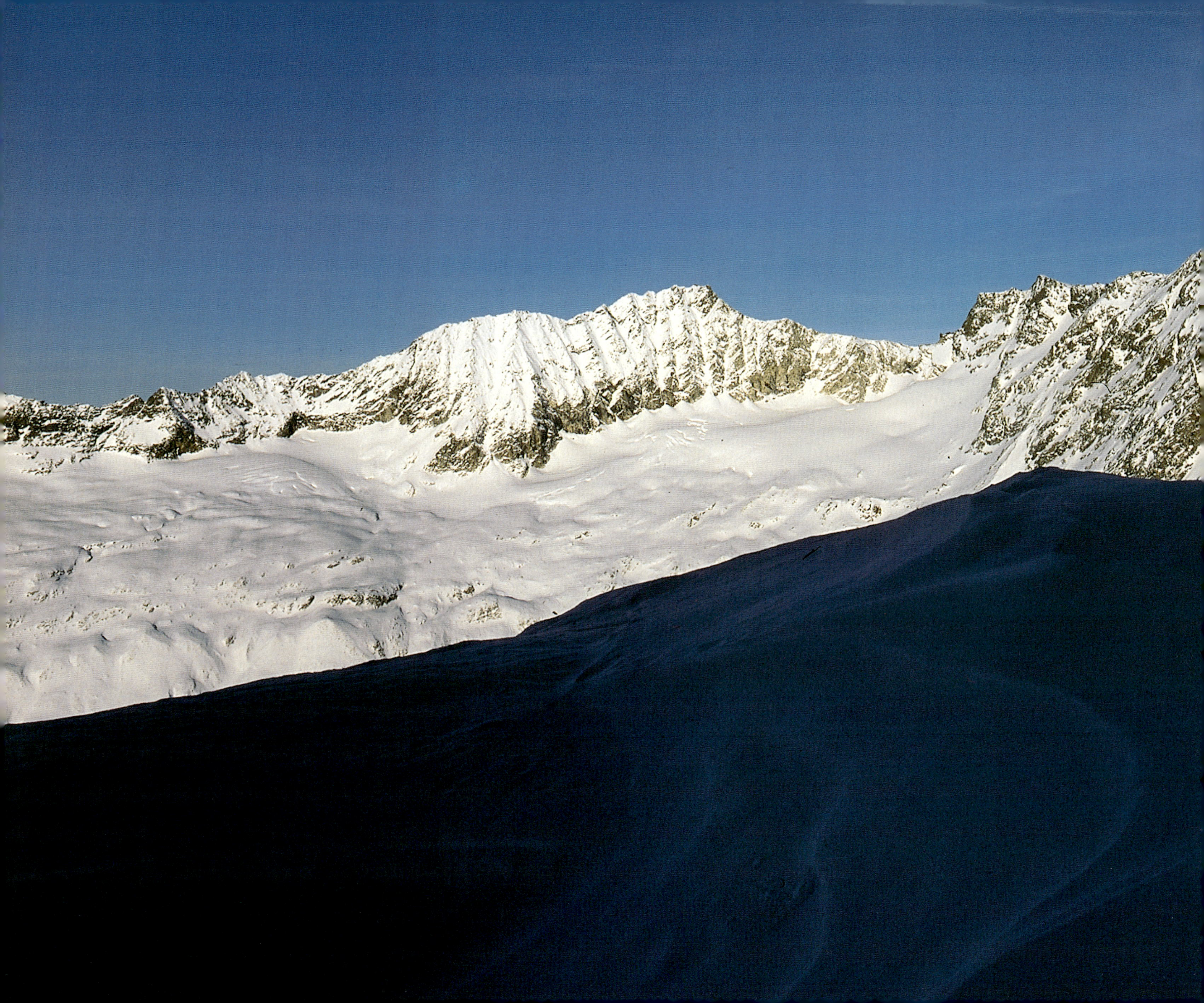

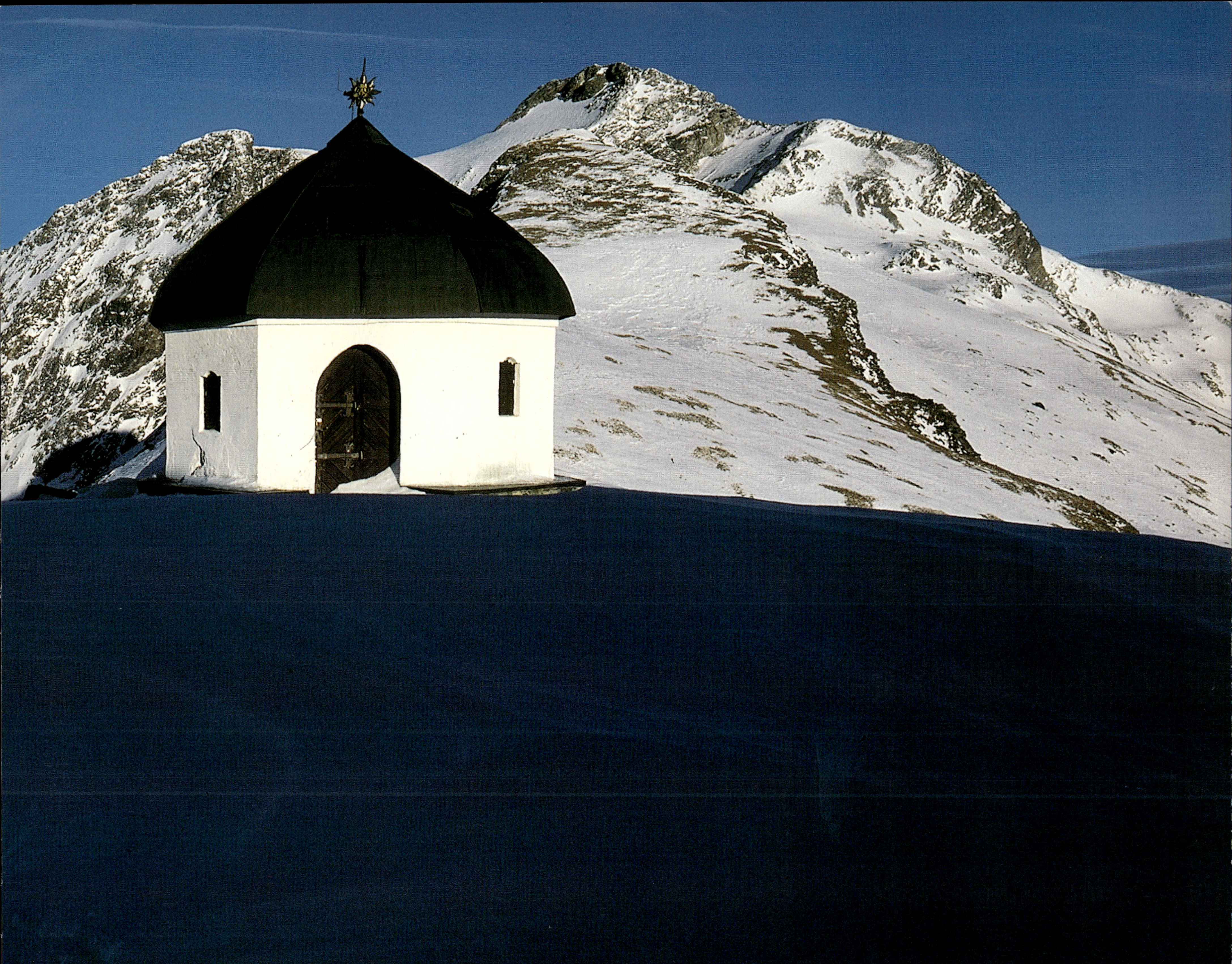

Während das Fell des Hermelins im Sommer an der Oberseite braun und an den Seiten und am Bauch gelblich-weiß ist, ist sein Winterpelz bis auf die schwarze Schwanzspitze gänzlich weiß gefärbt. Dadurch ist das Hermelin im Schnee weit besser getarnt. Es verhält sich Feinden gegenüber ausgesprochen angriffslustig. Es zieht sich nicht zurück, sondern stellt sich auf seine Hinterbeine und geht mitunter sogar zum Angriff über.

Vorhergehende Doppelseite:
Hinter dem Arnold Mausoleum, welches die Asche des Alpenvereinspioniers Carl Arnold birgt, ragt der mächtige Ankogel (3246 m) auf. Er wird gerne als die Geburtsstätte des Alpinismus bezeichnet, da dies der erste vergletscherte Gipfel der Alpen war, der bestiegen wurde. Aufgrund der zentralen Lage in den östlichen Hohen Tauern, lassen sich von seinem vielbesuchten Gipfel die Alpen in ihrer ganzen Breite überblicken.

Der Uhu liebt reich gegliederte Landschaftstypen, die auch im Winter ausreichend Nahrung bieten. Er bevorzugt Reviere, die Felsen als Brutplatz und Freiflächen für die Jagd beinhalten. Aufgrund seiner Größe von bis zu 70 cm und der beträchtlichen Flügelspannweite von 1,7 Meter jagt er hauptsächlich auf offenen oder nur wenig bewaldeten Gebieten. Sein Beutespektrum setzt sich daher vorwiegend aus bodenbewohnenden Wirbeltieren bis zur Größe eines Fuchses zusammen.

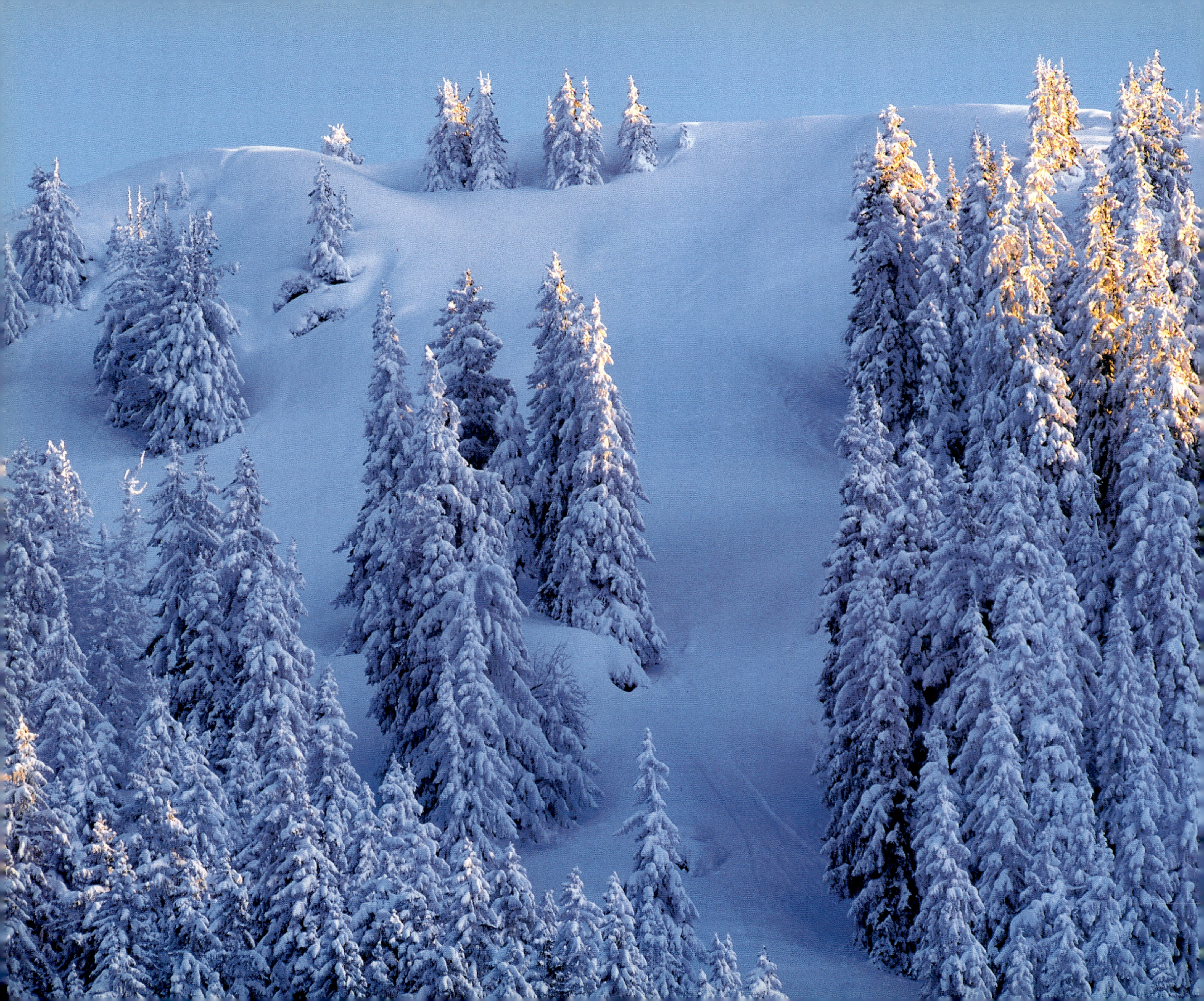

Wolken werden nach der Höhe ihres Auftretens und nach ihren Bestandteilen in verschiedene Klassen unterteilt. Sie sind außerordentlich typische Kennzeichen der jeweiligen Wetterlage und Vorzeichen der künftigen Wetterentwicklung. Stratocumulus-Wolken etwa sind tiefstehende Haufenschichtwolken, die vorwiegend aus Wassertröpfchen, im Winter aber auch aus Schneekristallen oder -flocken bestehen. Sie setzen sich mosaikartig aus Schollen, Ballen oder Walzen zusammen, wobei die Größe, Mächtigkeit und Gestalt stark variieren kann. Wolken bringen Niederschläge und sind daher von besonderer klimatischer Bedeutung. Sie können jedoch nur dort entstehen, wo Feuchtigkeit und Wasser vorhanden sind. Durch die Erwärmung der Erdoberfläche verdunstet das Wasser von Wäldern, Gewässern und Gletschern, steigt mit der warmen Luft auf und kühlt sich mit zunehmender Höhe wieder ab. Die Wasserteilchen schlagen sich an Kondensationskernen nieder und wechseln so vom gasförmigen wieder in den flüssigen Aggregatzustand. Kondensationskerne sind in der Atmosphäre schwebende kleine Partikel, die durch Konvektion in höhere Luftschichten verfrachtet wurden. Wenn die Wolke mit den Wasserteilchen überfüllt ist, entstehen schließlich Niederschläge wie Regen, Schnee, Hagel oder Graupel.

Kärnten

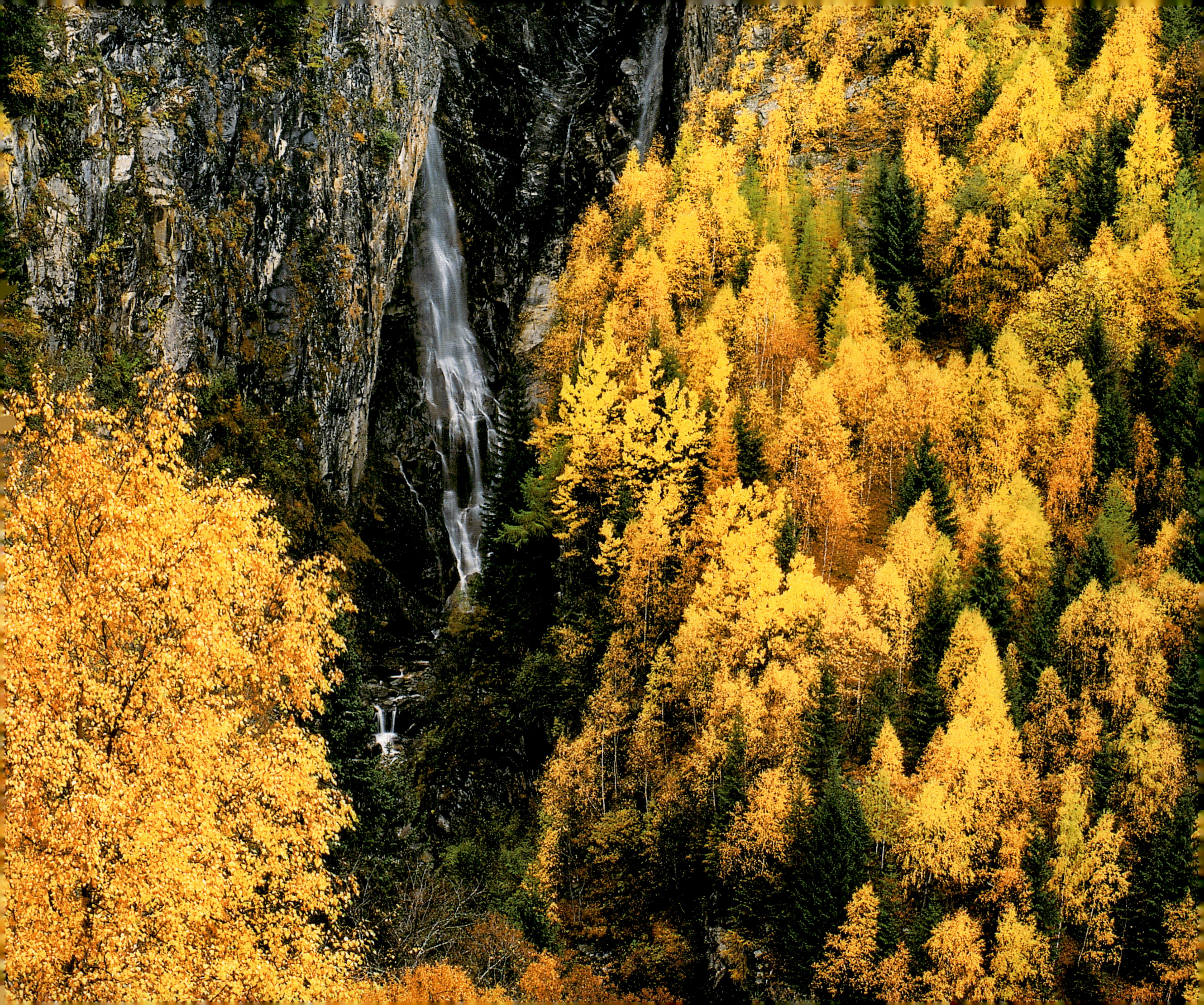

Der inneralpine Ahorn-Ulmen-Mischwald im Bereich des Zwillingsfalles im hinteren Gößgraben stellt eine pflanzensoziologische Besonderheit dar. Der urwaldartige Laubwald ist ein Relikt aus einer wärmeren, nacheiszeitlichen Klimaepoche. Der Gößgraben ist durch seinen Ost-West-Verlauf klimatisch begünstigt, sodass ein artenreicher Laubmischwald mit Ahorn, Ulme, Linde und Buche entstehen konnte. Im Herbst, wenn er in den buntesten Farben leuchtet, schallt oft das dumpfe Röhren des Rothirsches durch den Wald.

Unter dem Namen „Das Tal der stürzenden Wasser" wurde das Maltatal einst als eines der schönsten Hochgebirgstäler Österreichs bekannt. Auch der Gößgraben, ein Hochtal, welches vom eigentlichen Maltatal abzweigt, wird vom Rauschen zahlreicher Wasserfälle erfüllt. Der Gößbach durchfließt hier einen malerischen Wald, donnert über mehrere Geländestufen und mündet schließlich in die Malta. Der Wasserreichtum des Maltatales hat seinen Ursprung in der sommerlichen Abschmelzung riesiger Gletscherflächen rund um die Hochalmspitze (3360 m).

Feuersalamander bewohnen mit Vorliebe Laubwälder in der Nähe von Fließgewässern oder Quelltümpeln. Feuchtigkeit ist für sie lebenswichtig, damit ihre Haut nicht austrocknet. Daher sind Feuersalamander nur bei hoher Luftfeuchtigkeit oder Regen aktiv. Sie ernähren sich vorwiegend von Würmern, Schnecken und verschiedenen Insekten. Die gelbe Fleckenzeichnung dient ihnen zur Abschreckung von Fressfeinden. Außerdem sondern sie aus Giftdrüsen, die in der Haut eingelagert sind, ein milchig-schaumiges Sekret ab, welches Entzündungen hervorrufen kann. Feuersalamander produzieren das Gift jedoch nicht permanent, sondern nur, wenn sie sich bedroht fühlen.

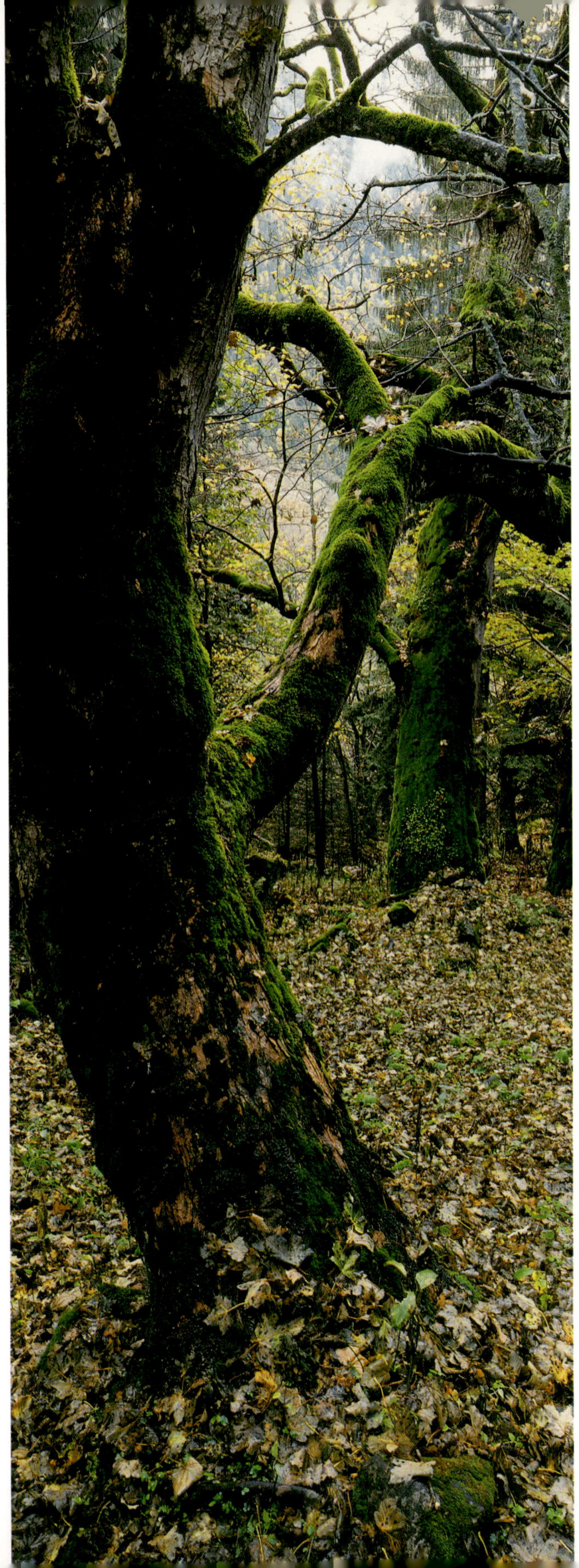
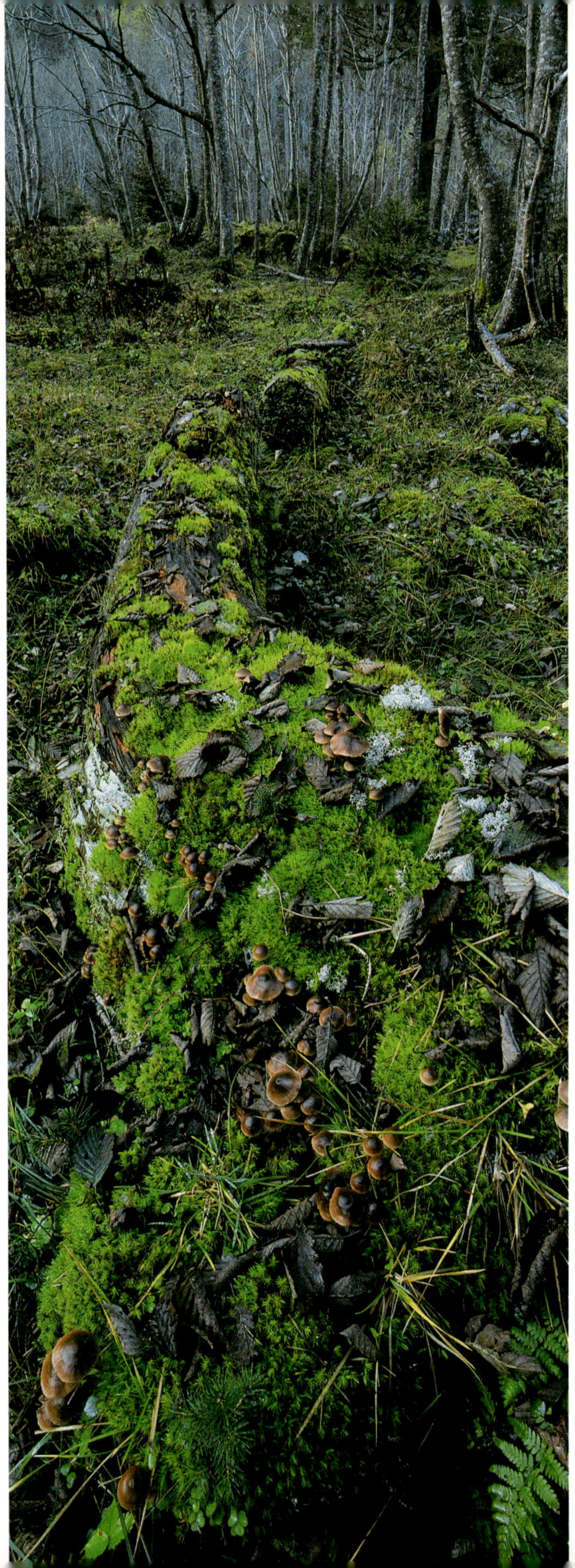

Der urige Laubmischwaldwald im Gößgraben mit seinen seltenen Bergahorn-, Ulmen, und Rotbuchenbeständen wirkt wie ein Zauberwald. Sein Unterwuchs ist sehr üppig und artenreich. Flechten hängen zottig von den Ästen, dicke, knorrige Äste sind dicht mit Moosen gepolstert und der Waldboden von längst umgestürzten, morschen Bäumen übersät. Abgestorbene Bäume und Baumstümpfe haben hier eine große ökologische Bedeutung. Verrottendes Holz bietet Jungbäumen eine begünstigte Aufwuchsstätte und einer großen Zahl von spezialisierten Tierarten die notwendige Lebensgrundlage. Holzbewohnende Bienen, Ameisen und Käfer sind für ihre Ernährung und ihre Fortpflanzung von einem ausreichenden Angebot von totem Holz abhängig. Viele Vögel und Säugetiere nutzen die zahlreichen Löcher in morschen Stämmen zum Aufziehen ihrer Jungen oder zum Überwintern. Auch viele, teilweise seltene, Pilze können nur in moderndem Holz gedeihen. Das Holz wird von Pilzen, Insekten, Asseln und Tausendfüßern im Laufe des biologischen Abbauprozesses gänzlich zerlegt und geht als Humus wieder in den Nahrungskreislauf des Waldes ein.

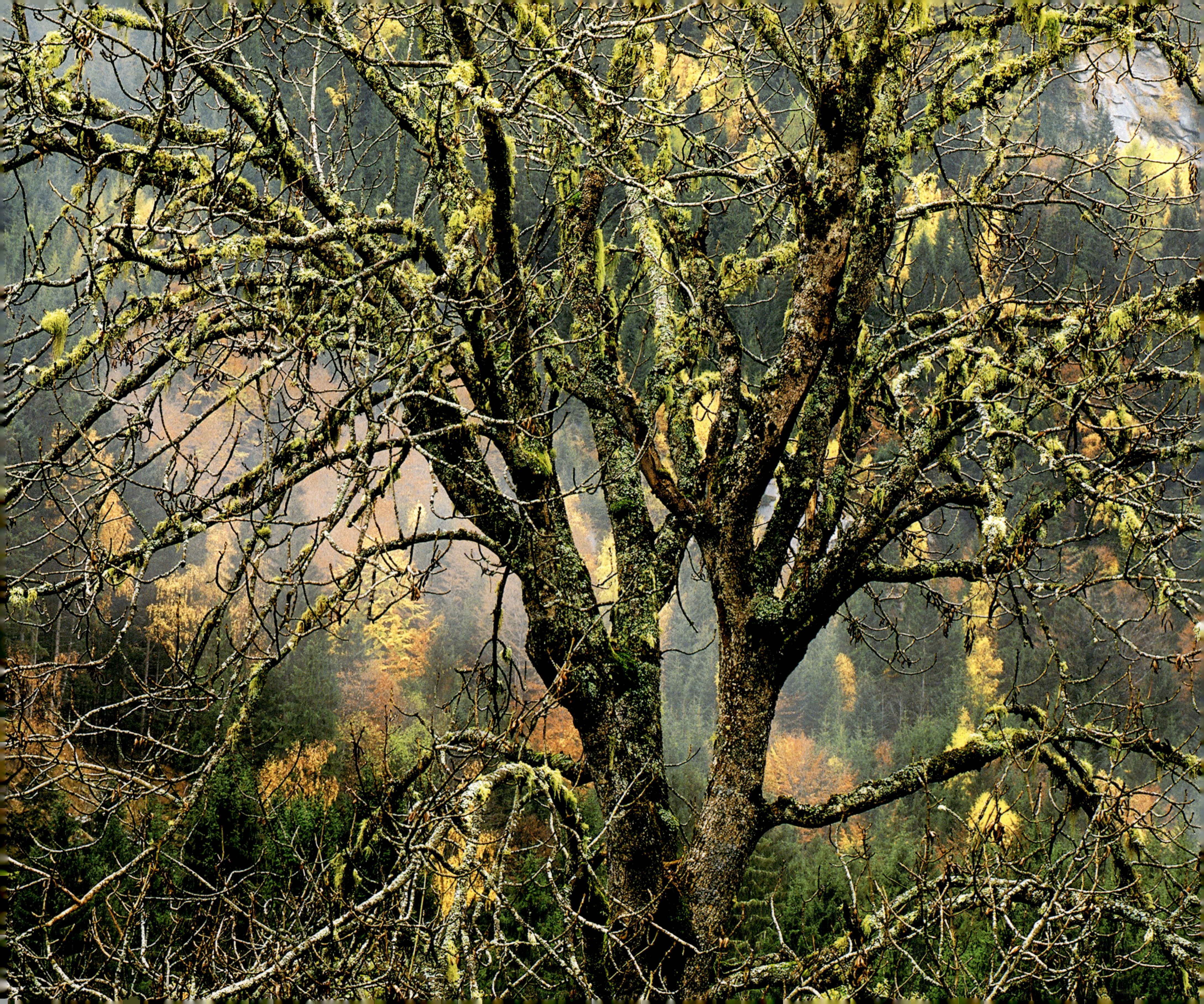

Während der Gößgraben mit seinem zauberhaften Laubmischwald ein Ort der Ruhe ist, geht es an der Einmündung des Gößgrabens in das Maltatal etwas lauter zu. Hier stürzt der Fallbach-Wasserfall mit ohrenbetäubendem Lärm vom Gegenhang. Mit einer Fallhöhe von nahezu 200 Metern ist er der gewaltigste Wasserfall Kärntens. Wie ein Vorhang aus Wasser präsentiert er sich von einer Aussichtskanzel in luftiger Höhe. Vor allem in den späten Nachmittagsstunden erstrahlt er bei Sonnenschein in den herrlichsten Regenbogenfarben.

Der Untere Schwarzhornsee (2541 m) liegt in einer durch Gletschertätigkeit ausgeschürften Wanne. Selbst im Hochsommer schmelzen die Schneefelder an seinem Ufer oft nicht gänzlich weg. Der See wird vom Abflusswasser des Oberen Schwarzhornsee (2642 m) genährt, der oberhalb einer Steilstufe in einer Mulde liegt.

Die Bärtige Glockenblume besiedelt eine Vielzahl von Lebensräumen. Sie ist sowohl auf Wiesen und Almen als auch auf Magerrasen über der Waldgrenze zu finden. Die feinen, langen Haare innen an den Lappen der Blütenkrone dienen zur Abwehr von nektarraubenden, aufkriechenden Insekten wie Ameisen oder Ohrwürmern. Das Innere der Blütekelche, deren Differenz zur Außentemperatur einige Grade betragen kann, dient kleinen Insekten als Herberge.

In Felsspalten, Furchen und Senken der Hochlagen, in welchen der Schnee fast das ganze Jahr über liegen bleibt, haben die Pflanzen nur sehr wenig Zeit, um zu blühen und nach der anschließenden Befruchtung reife Samen hervorzubringen. Das Kleine Alpenglöckchen beginnt bereits unter der Schneedecke zu wachsen und empfängt so den Bergfrühling in voller Blüte.

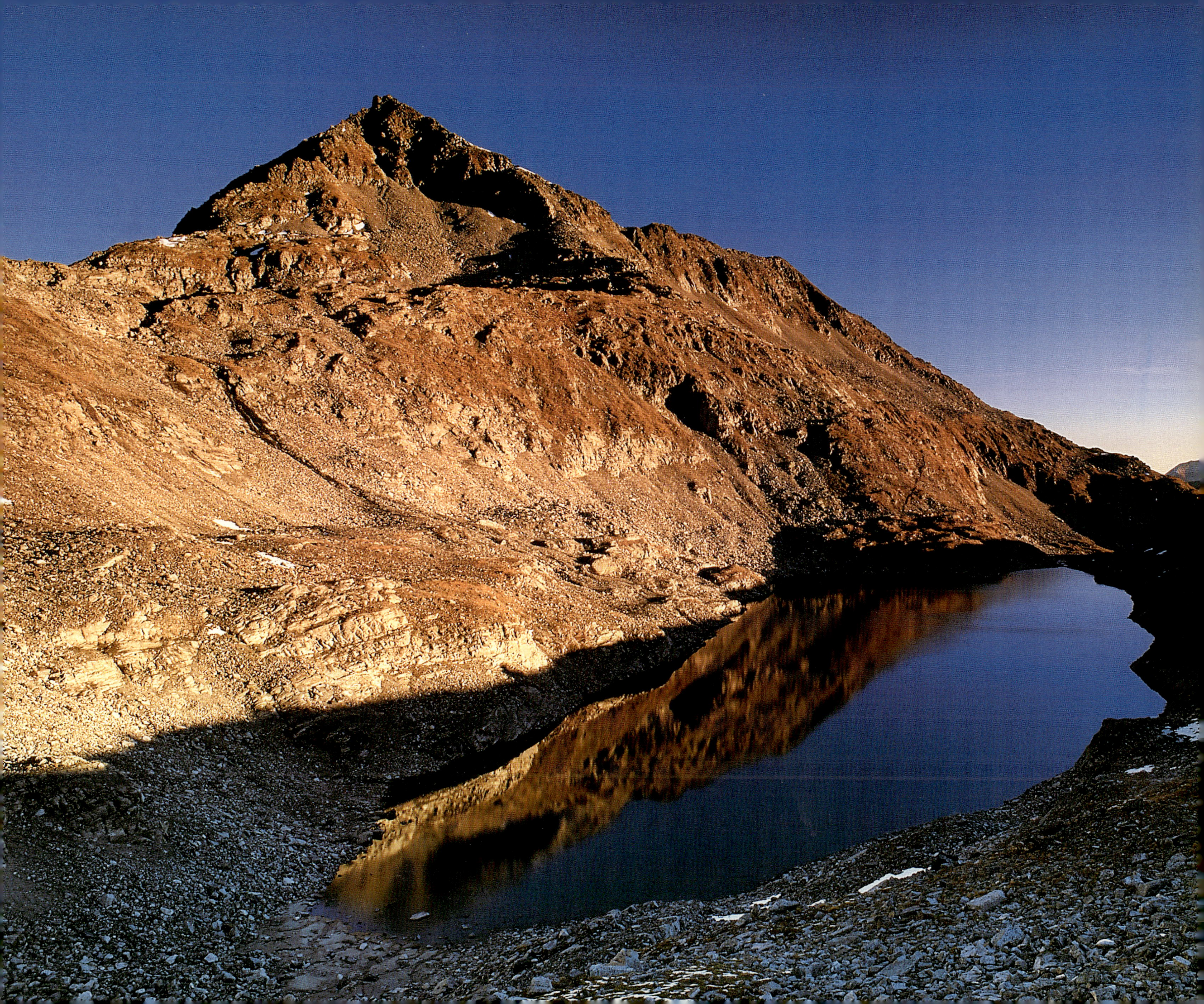

Die liebevoll als „Tauernkönigin" bezeichnete Hochalmspitze (3360 m) spiegelt sich im Oberen Schwarzhornsee (2642 m). Sie ist einer der bedeutendsten Gletscherberge des Nationalparks Hohe Tauern. Zwei der größten Gletscher Kärntens, das Hochalmkees und das Großelendkees umgeben ihren Gipfel. Der Name Hochalmspitze entstammt einer Sage, wonach einst an Stelle der Gletscher blühende Almen den Berg schmückten.

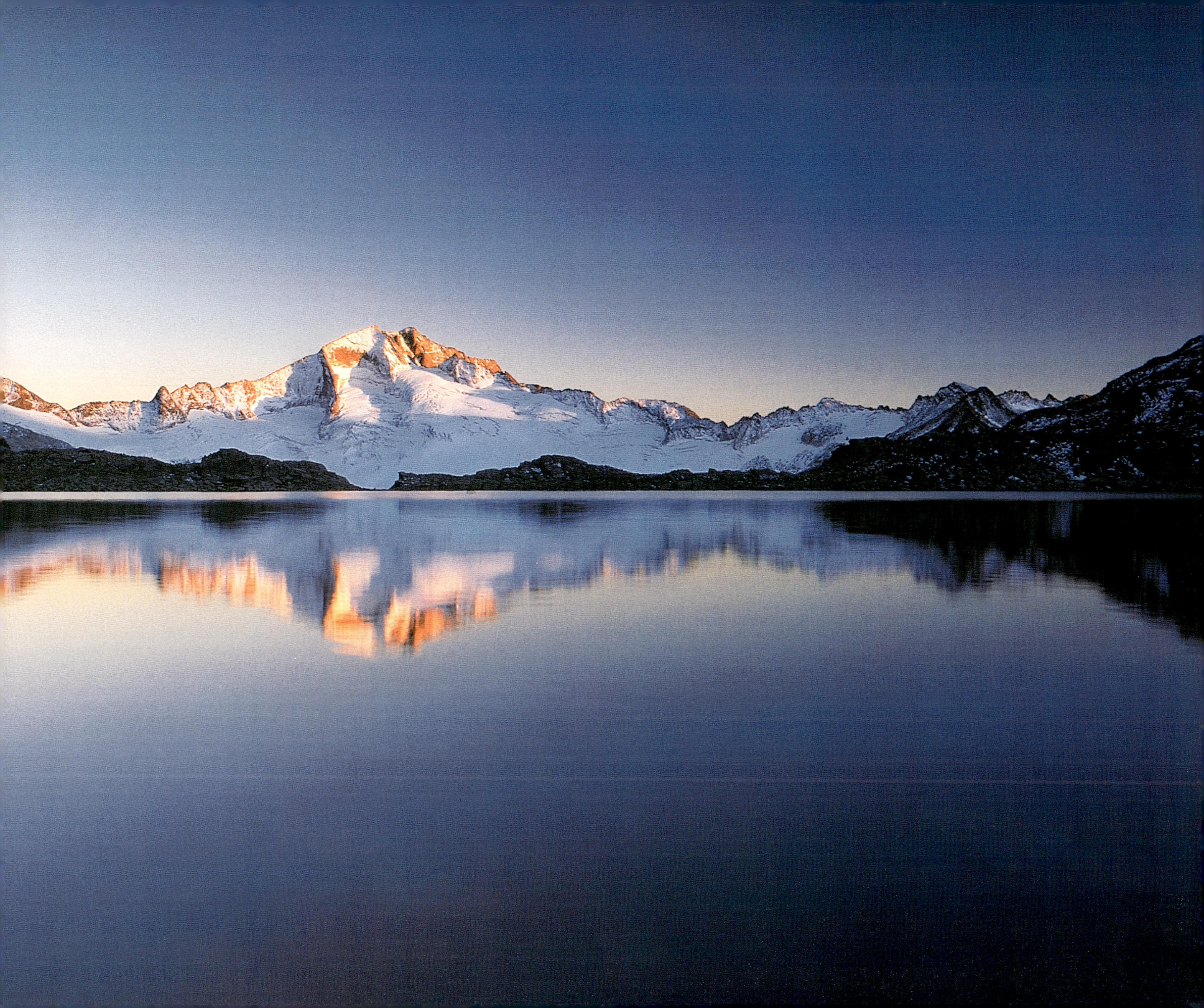

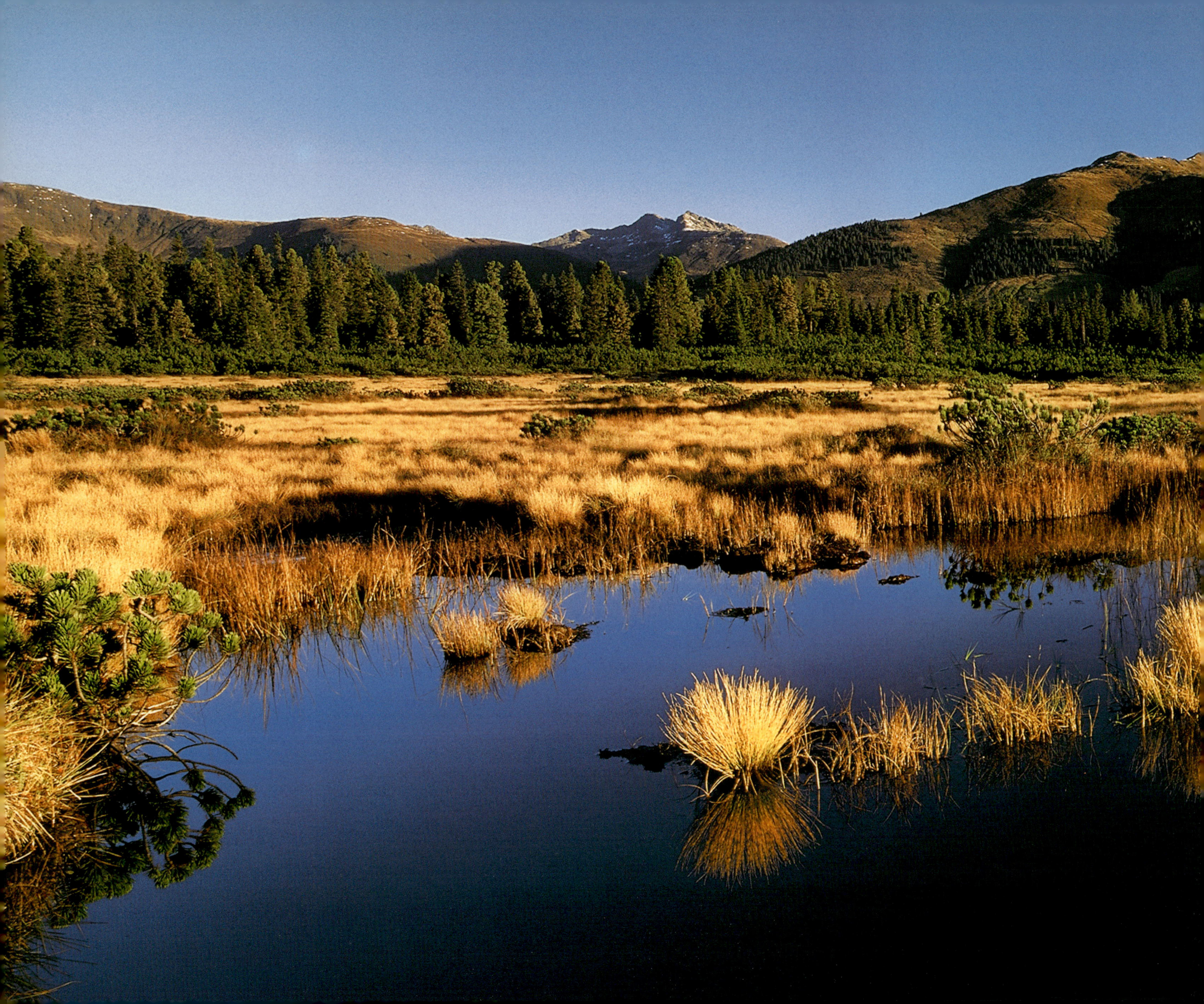

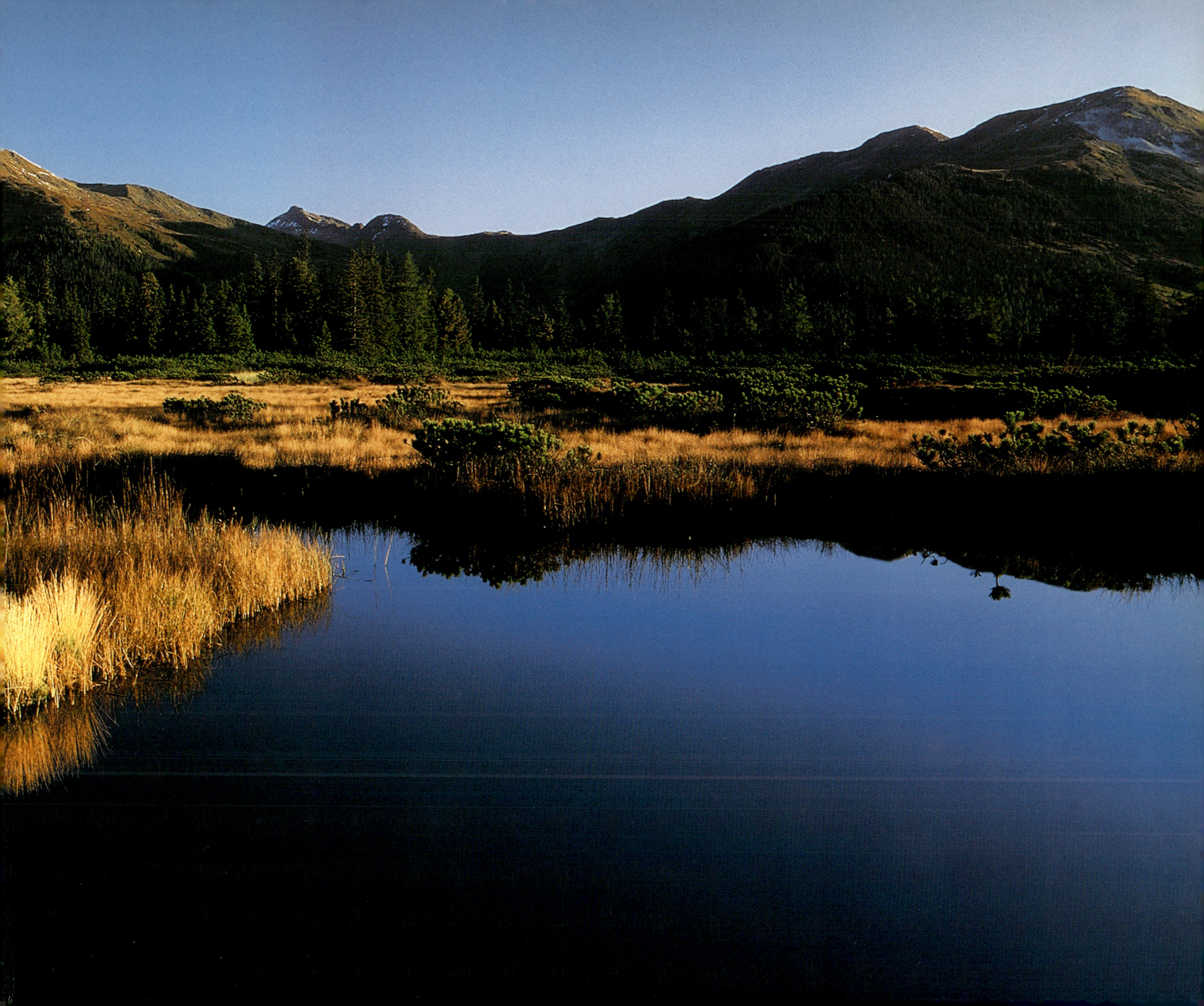

SALZBURG

Die aufgehende Sonne taucht das Hochmoor Sieben Möser im Salzburger Land in ein bezauberndes Licht. Golden leuchtet das Gras, der Himmel spiegelt sich dunkelblau im Wasser. Kaum ein Windhauch kräuselt die Wasseroberfläche der zahlreichen Tümpel, in welchen sich die schneebedeckten Berge des Nationalpark Hohe Tauern spiegeln. Nur der dumpfe Ruf des Uhu aus dem nahegelegenen Wald unterbricht die angenehme Stille. Regelmäßig ist sein Ruf, als ob er einer Kuckucksuhr gleich, das Anbrechen des Tages verkünden wolle.

Eine friedliche Gegend, möchte man meinen. Doch nur unweit dieser Idylle zeigt der Nationalpark sein wahres Gesicht. Wie eine ins Tal donnernde Lawine kündigt der dröhnende Lärm die Wucht der Krimmler Wasserfälle aus der Ferne an. 380 Meter stürzt das Wasser der Krimmler Ache über drei Fallstufen in die Tiefe. Spritzend, tosend, laut. Überdimensionale Sprühwasserfontänen benetzen unaufhörlich jene Stellen im Wald, die in unmittelbarer Umgebung der Wasserfälle liegen. Farbenprächtige Regenbogen bilden sich dort, wo sich das Licht der Sonne an den Wassertröpfchen bricht. Die Luft hier ist feucht, die Vegetation üppig. Folgt man der Krimmler Ache durch das weitausladende, trogförmige Tal bis zum Talschluss, wird klar, woher dieser gewaltige Wasserstrom kommt. An den hoch aufragenden Bergspitzen der Venedigergruppe hängen zahlreiche Eispanzer. Zerfurcht und zerrissen liegen die Gletscher in der prallen Sonne. Große Stücke reißen ab und treiben wie Eisberge im frostigen Wasser. Besonders an heißen Tagen im Hochsommer setzt die Sonne dem Eis zu und lässt es in großen Mengen schmelzen. Dann ergießen sich riesige Wassermengen aus dem dunklen Schlund des Gletschertores, vereinen sich mit zahlreichen kleinen Bächen, die an den Bergflanken herabfließen, um gemeinsam als Gletscherbach den Weg ins Tal anzutreten.

Gletscher, die über Jahrtausende hindurch mitgeführtes Geröll mit unvorstellbarem Druck auf das darunter liegende Gestein pressten und es so abschliffen, hinterließen nach deren Abschmelzen tiefe Wannen im Fels. Nach und nach füllten sie sich mit dem Wasser der Hochgebirgsbäche und bildeten so an vielen Stellen im Nationalpark malerische Bergseen. Wie funkelnde Edelsteine wirken sie aus der Luft betrachtet, versteckt zwischen Berggipfeln und Geröll. Je nach Lichteinfall, Untergrund und Tiefe erscheinen sie in den unterschiedlichsten Farben. Von grün, über blau bis schwarz. Manche sind winzig, andere wiederum riesig. Ihnen allen gemein ist aber das kalte Wasser. Während Ende Juni die Badeseen im Tal zum Schwimmen einladen, können die Bergseen noch von einer Eisschicht bedeckt sein. In dieser unwirtlichen, nährstoffarmen Umgebung haben nur gut angepasste Organismen wie Kleinkrebse, Rädertiere und Kieselalgen

---

Das mit zahlreichen Tümpeln durchsetzte Naturschutzgebiet Sieben Möser ist eine noch weitgehend ungestört erhaltene Moorlandschaft. Das Ringhochmoor stellt einen seltenen Hochmoortypus dar und beherbergt eine außerordentlich hohe Zahl an Tier- und Pflanzenarten. Es wurde von den Gletschern des Nationalpark Hohe Tauern geformt, die einst bis hierher reichten.

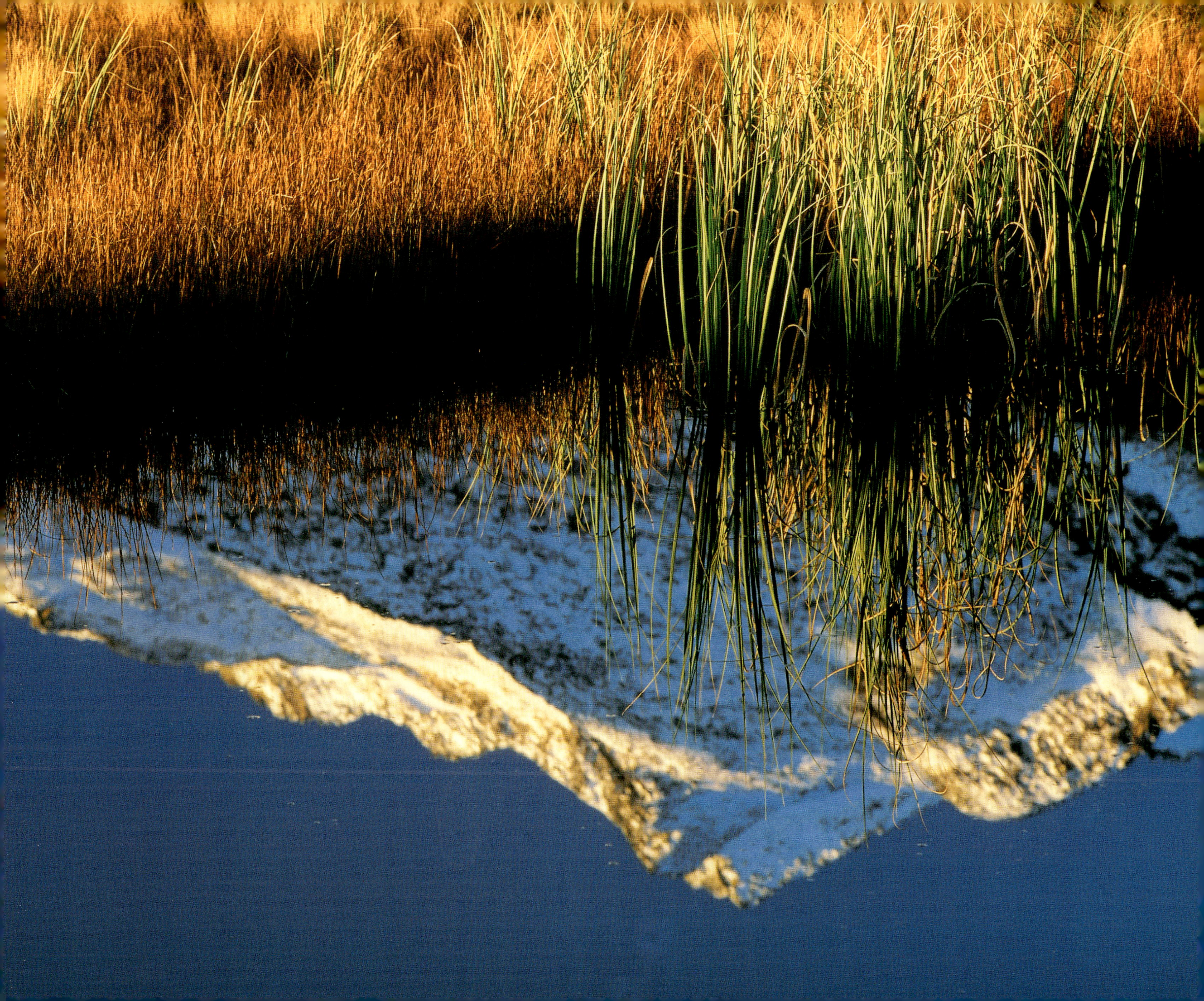

Der Gesichtssinn des Uhus ist auf seine nächtliche Aktivität und den tierischen Nahrungserwerb ausgerichtet. Die großen, nach vorne gerichteten Augen, bewirken eine Überlagerung des Gesichtsfeldes, was dem Uhu ein dreidimensionales Sehen und eine exakte Abschätzung der Entfernung zum Beutetier ermöglicht. Aufgrund der besonders lichtempfindlichen Netzhaut kann das Restlicht der Dämmerung optimal zu Jagd genutzt werden.

eine Überlebenschance. Bergseen unterliegen einem ständigen Wandel. Die Bäche, die den See nähren, führen große Mengen Sand, Kies und Geröll mit. Die Seen verlanden und an den seichten Ufern siedeln sich Pflanzen an. Im Laufe der Zeit können Bergseen ganz verschwinden, andere verwandeln sich in biologisch kostbare Hochmoore, die Lebensraum für eine vielfältige Fauna und Flora bieten. Das Wasser verweilt lange in diesen Hochmooren. Fließt langsam, schlangenförmig, lautlos. Als ob es sich vor den gigantischen Geländestufen, die ihm noch bevorstehen, fürchten würde. Im freien Fall stürzt das Wasser dort ins Bodenlose, zerschellt an Felsen, sammelt sich wieder, erholt sich beim Durchfließen weiter Almböden für den nächsten Sprung. Überall dort, wo das Gestein der erodierenden Kraft des Wassers nachgeben musste, entstanden tiefe Einschnitte im Fels. Mit roher Gewalt schießt das Wasser während der Schneeschmelze durch die engen Klammen. Der ohrenbetäubende Lärm hallt von den senkrecht aufragenden, teils überhängenden Felswänden wider. Bis auf wenige Meter nähern sie sich, scheinen sich hoch oben fast zu berühren. Der Himmel ist nur als schmaler Streifen sichtbar. An manchen Stellen in der Klamm widerstehen zähere Gesteinsschichten den Wassermassen, werden von ihnen umspült, bis sie gänzlich vom weicheren Gestein befreit sind. Bizarre Felsformationen ragen dann wie Skulpturen aus einer wild schäumenden Gischt. Erst als das Wasser die Klamm passiert, kommt es zur Ruhe, fließt gemächlich durch dichte Wälder und saftige Wiesen, bevor es in die Salzach und nach einer langen Reise letztendlich ins Schwarze Meer mündet.

Hier unten in den tieferen Lagen erstrecken sich geheimnisvolle, urwüchsige Wälder. Betagte Bäume stehen dichtgedrängt. Ihre Baumkronen sind ausladend, die Wurzeln weitverzweigt. Armlange Bartflechten hängen zottig von den Ästen, weiche Moose polstern die dicken Baumstämme. Umgestürzte Baumriesen verrotten am Waldboden, der dicht mit Zwergsträuchern, Moosen und Farnen bewachsen ist. Eichhörnchen verstecken Samen und Nüsse darin, um einen Wintervorrat anzulegen. Wird die Nahrung in der kalten Jahreszeit knapp, sucht das Eichhörnchen die Baumlöcher und den Waldboden systematisch nach den versteckten Leckereien ab, findet jedoch nur wenige der angelegten Depots wieder.

Ein anderer Waldbewohner hält wenig von derartigen Spielchen. Der Rothirsch ist ein scheuer Geselle. Schwerfällig bewegt er sich durch das Dickicht des Waldes, ständig auf der Suche nach Äsung. Immer wieder bleibt er mit seinem prächtigen Geweih an Ästen hängen oder zwängt sich mit seinem massigen Körper zwischen den Stämmen durch. Ein Körper, der so ganz und gar nicht für den Wald gemacht scheint. Es wundert daher nicht, dass der Hirsch erst durch die von Menschen vorangetriebene Bewaldung vom Wiesen- zum Waldbewohner geworden ist. Rothirsche sind dämmerungs- und nachtaktiv. Wenn im Herbst die Sonne hinter den Bergen verschwindet, erscheinen sie auf den Lichtungen oberhalb des Bergwaldes und lassen ihr kraftvolles Röhren weit über die Wälder hinweg hören.

Im Gegensatz zum Wald bietet die Hochgebirgsregion nur jenen Tieren und Pflanzen Lebensraum, die sich gut an die widrigen Verhältnisse anpassen konnten. Um den Unannehmlichkeiten des Klimas gewachsen zu sein, haben Pflanzen polsterartige Wuchsformen entwickelt. Gebettet auf humuslosen

Salzburg

An der untersten Fallstufe der Krimmler Wasserfälle stürzt das Wasser 140 Meter in die Tiefe. Die Krimmler Ache ist ein typischer Gletscherbach mit stark wechselnder Wasserführung während des Tages und im Jahresablauf. An heißen Sommertagen schwillt der Wasserfall im Tagesverlauf aufgrund der vermehrten Eisabschmelzung an den Gletschern im Krimmler Achental merklich an.

Vom Krimmler Wasserfallweg führen kurze Abstecher zu Aussichtskanzeln, welche die Wucht des Wasserfalles, das ohrenbetäubende Rauschen des Flusses und den Sprühregen aus nächster Nähe eindrucksvoll vermitteln. Das sich an den in die Luft geschleuderten Wassertröpfchen brechende Sonnenlicht bildet zahlreiche, wunderschöne Regenbogen.

Die Krimmler Wasserfälle wurden bereits 1967 mit dem europäischen Naturschutzdiplom ausgezeichnet. Mit einer Fallhöhe von insgesamt 380 Metern gehören sie zu den mächtigsten Wasserfällen Europas. Im Jahr fließen etwa 177 Milliarden Liter Wasser über die drei Stufen zu Tal. Im Vergleich zur hundert Meter hohen, mittleren Fallstufe des Wasserfalls erscheinen die Besucher an der Aussichtsplattform winzig klein.

Schutt und Fels, müssen sie extremsten Klimafaktoren trotzen. Kälte, Wind und intensive Sonneneinstrahlung lassen an manchen Stellen nur noch Flechten auf nacktem Fels gedeihen. Trotzdem finden viele Tiere hier das Auslangen. Gämsen sind bestens an das Leben in der Gipfelregion angepasst. Auf der Suche nach Nahrung bewegen sie sich geschickt auf fast senkrechten Felswänden. Der spezielle Bau ihrer Hufe erlaubt es ihnen, Kräuter, Gräser und Flechten an den unzugänglichsten Stellen zu erreichen. Trotzdem passiert es immer wieder, dass sie den Halt verlieren und in die Tiefe stürzen. Ein toter Tierkörper bleibt im Gebirge nicht lange unentdeckt. Gänsegeier haben im Nationalpark Hohe Tauern die Arbeit der Gesundheitspolizei übernommen. Bis zu achtzig Gänsegeier fliegen jedes Jahr vom Balkangebiet ein und halten sich zwischen Mai und September als Sommergäste im Nationalpark auf. In größeren Trupps überfliegen sie die schneebedeckten Berggipfel und halten dabei stets Blickkontakt. Ihrem außerordentlich hoch entwickelten Sehvermögen entgeht nichts. Taucht ein Gänsegeier ab, weil er ein bewegungsloses Tier gesichtet hat, folgen ihm die anderen sofort nach. Oft warten die Vögel oft noch auf einem exponierten Punkt sitzend, ehe sie sich vorsichtig dem Kadaver nähern. Hungrige Geier besitzen ein hohes Aggressionspotential, sodass es am Futterplatz oft zu wilden Streitigkeiten kommt. Bei der Nahrungsaufnahme tauchen sie mit ihrem spärlich behaarten Hals tief in den Kadaver ein, um an die Innereien zu kommen. Eine Situation, wie man sie sonst eher aus afrikanischen Nationalparks kennt. Sind ihre Mägen vollgestopft, erheben sie sich mühevoll in die Lüfte und begeben sich zu ihren traditionellen Rastplätzen in den hochgelegenen Felsnischen.

Das Wasser der Krimmler Ache prallt mit großer Wucht auf die Felsen und zerbirst in unzählige winzige Tröpfchen. Der gewaltige Sprühregen reicht weit bis in den Wald, der die Krimmler Wasserfällle umgibt, hinein. Dort bedingt der konstante Niederschlag einen durchnässten Boden und dichten Unterwuchs mit feuchtigkeitsliebenden Farnen, Flechten, Moosen und Blütenpflanzen.

Farne bevorzugen schattige, feuchte Standorte. Im Gegensatz zu anderen Pflanzen produzieren sie keine Blüten und Früchte. Zur Fortpflanzung dienen meist bräunliche Sporen, die in winzigen Hohlräumen an der Unterseite oder am Rand des Farnwedels untergebracht sind. Die Vermehrung hängt allein von der Keimfähigkeit der in riesigen Mengen produzierten Sporen ab.

Der Wald-Sauerklee ist eine charakteristische Waldpflanze, die an ausgesprochen schattigen und meist feuchten Stellen in nährstoffreichen Laubmischwäldern und Nadelwäldern blüht. In der Nacht klappt der Wald-Sauerklee die Blätter nach unten in eine Art „Schlafposition" um. Die essbaren Blätter schmecken wegen des hohen Gehaltes an Oxalsäure sauer und können bei Genuss großer Mengen sogar zu Vergiftungserscheinungen führen.

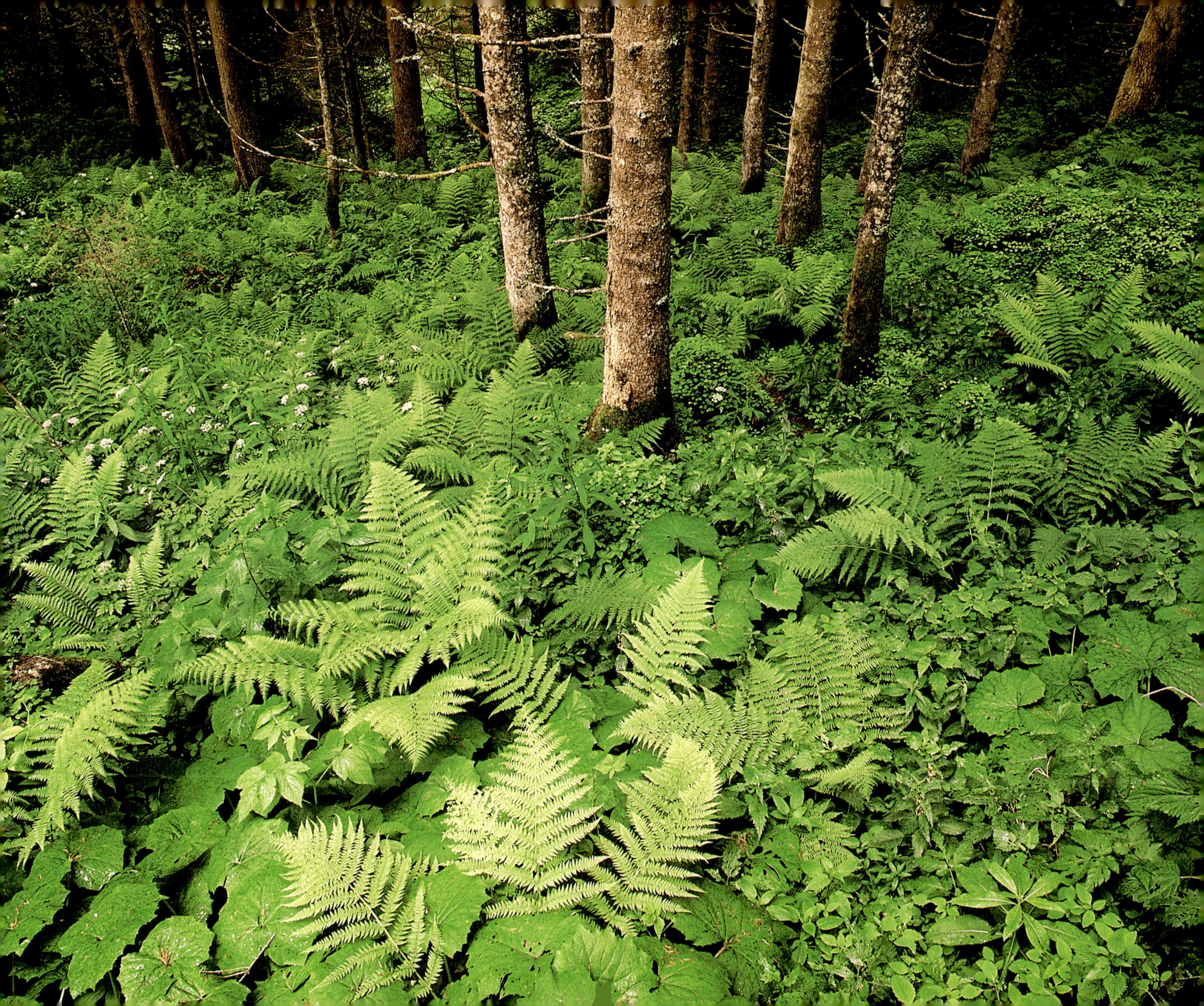

Der Talschluss des Krimmler Achentales wird von der gewaltigen Hochgebirgslandschaft der Venedigergruppe bestimmt, deren Gipfel vom größten, zusammenhängenden Gletschergebiet der Ostalpen eingehüllt sind. Das Krimmler Kees füllt in einer Breite von vier Kilometern den gesamten Talschluss des Krimmler Achentales aus. Am Eissee, einem kleinen Gletschersee unweit der Warnsdorfer Hütte, brechen große Eisstücke vom Gletscher ab und treiben wie Eisberge im frostigen Wasser.

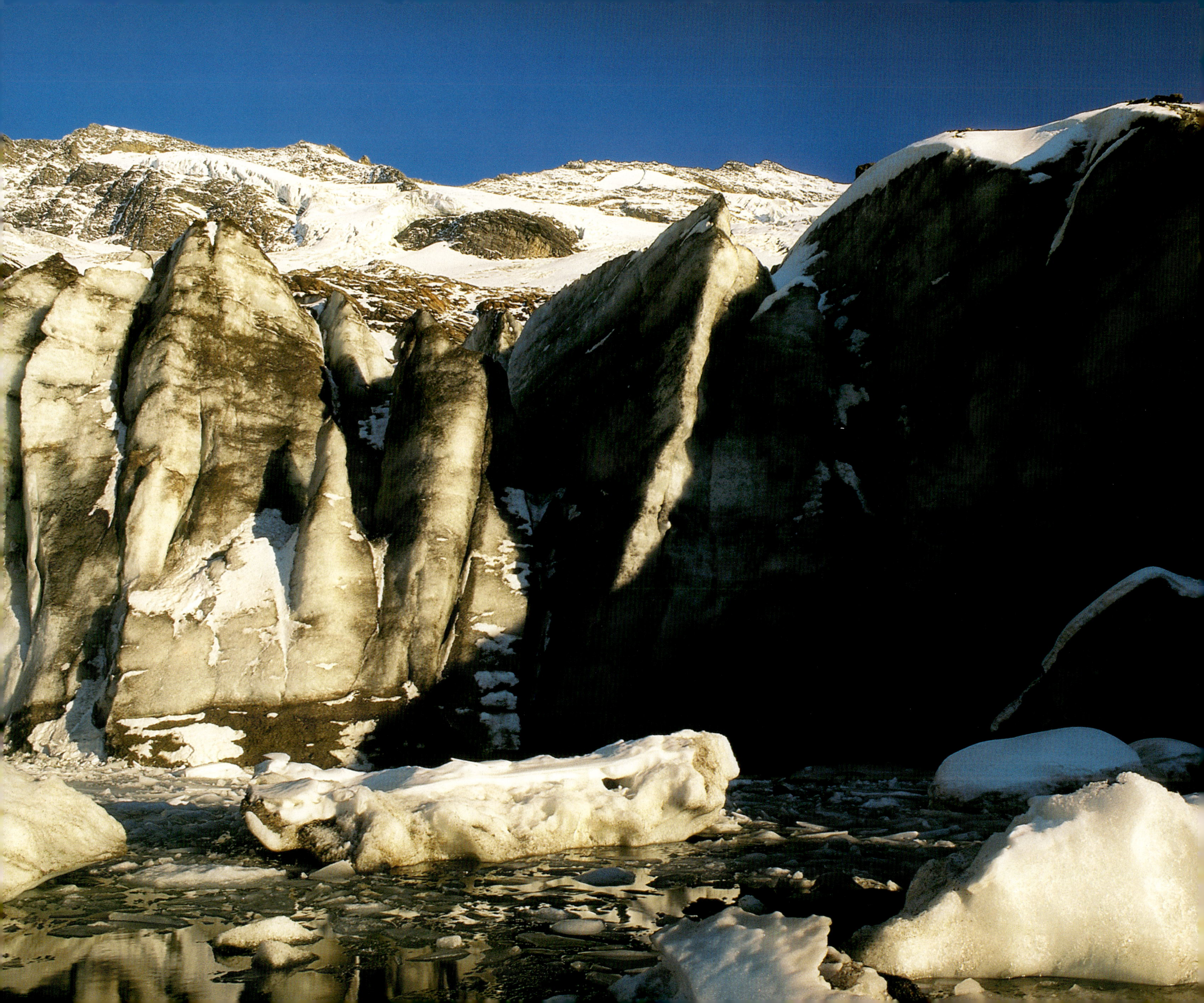

Golden spiegelt sich der im letzten Abendlicht erglühende Gegenhang im Wasser des Eissees, der oft noch im Juli zugefroren ist. Das Krimmler Kees, das unter den Nordwänden der Dreiherrnspitze, der Simonyspitzen und der Maurer Keesköpfe beginnt, ist der zweitgrößte Gletscher auf der Nordabdachung der Venedigergruppe. Sein Schmelzwasser ist ein bedeutender Wasserlieferant für den tosenden Gletscherbach der Krimmler Ache, welche die Wasserfälle im Tal speist.

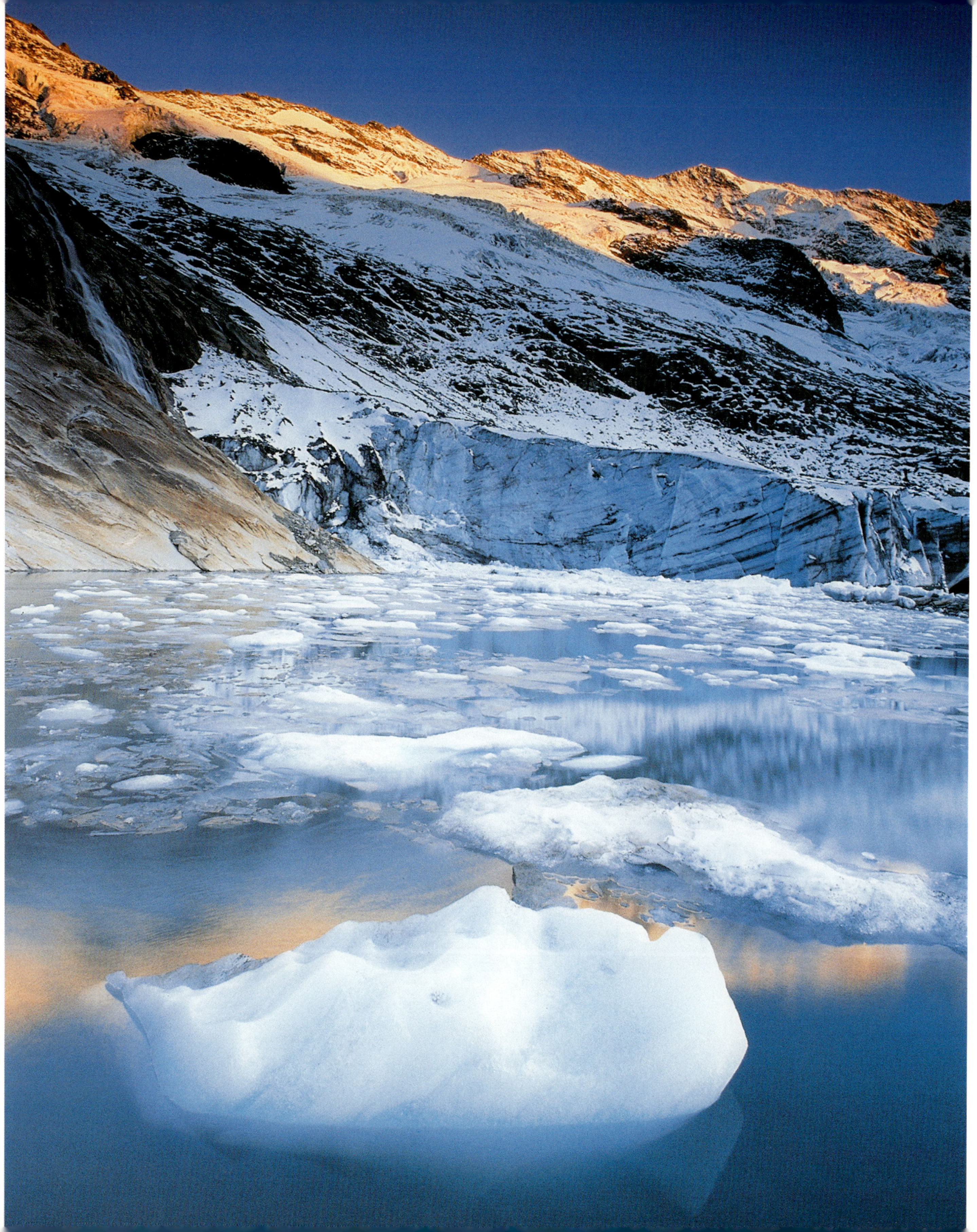

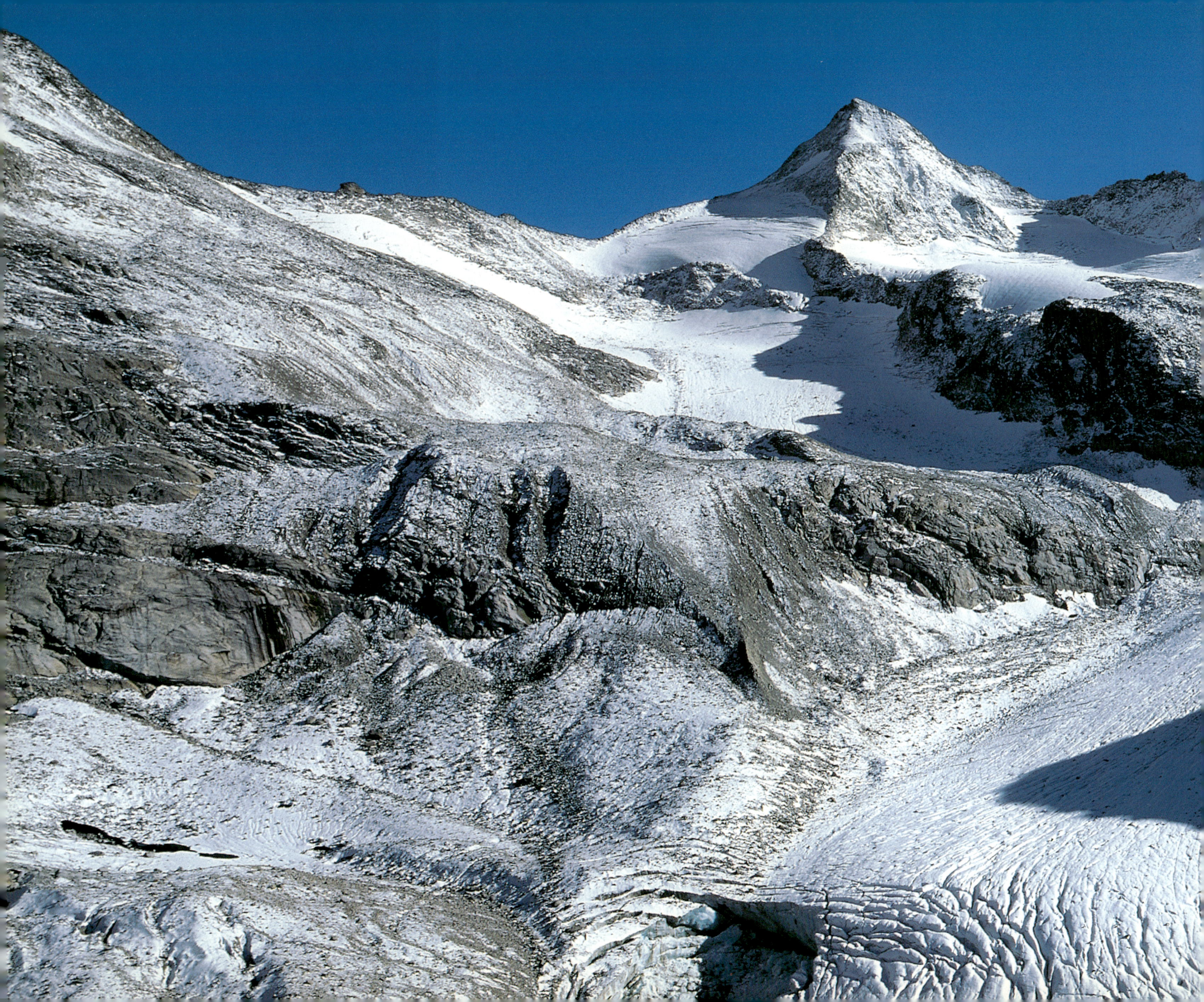

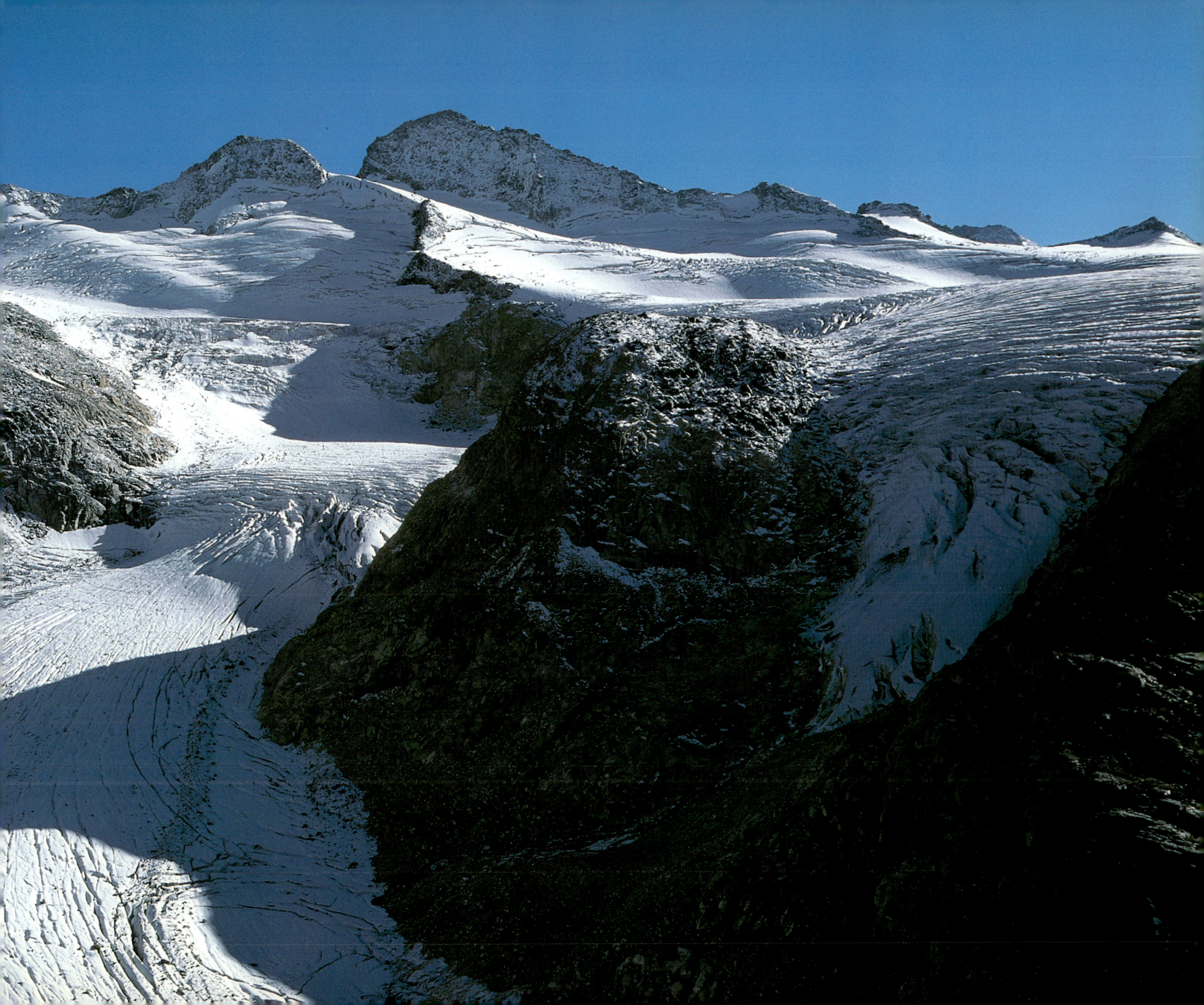

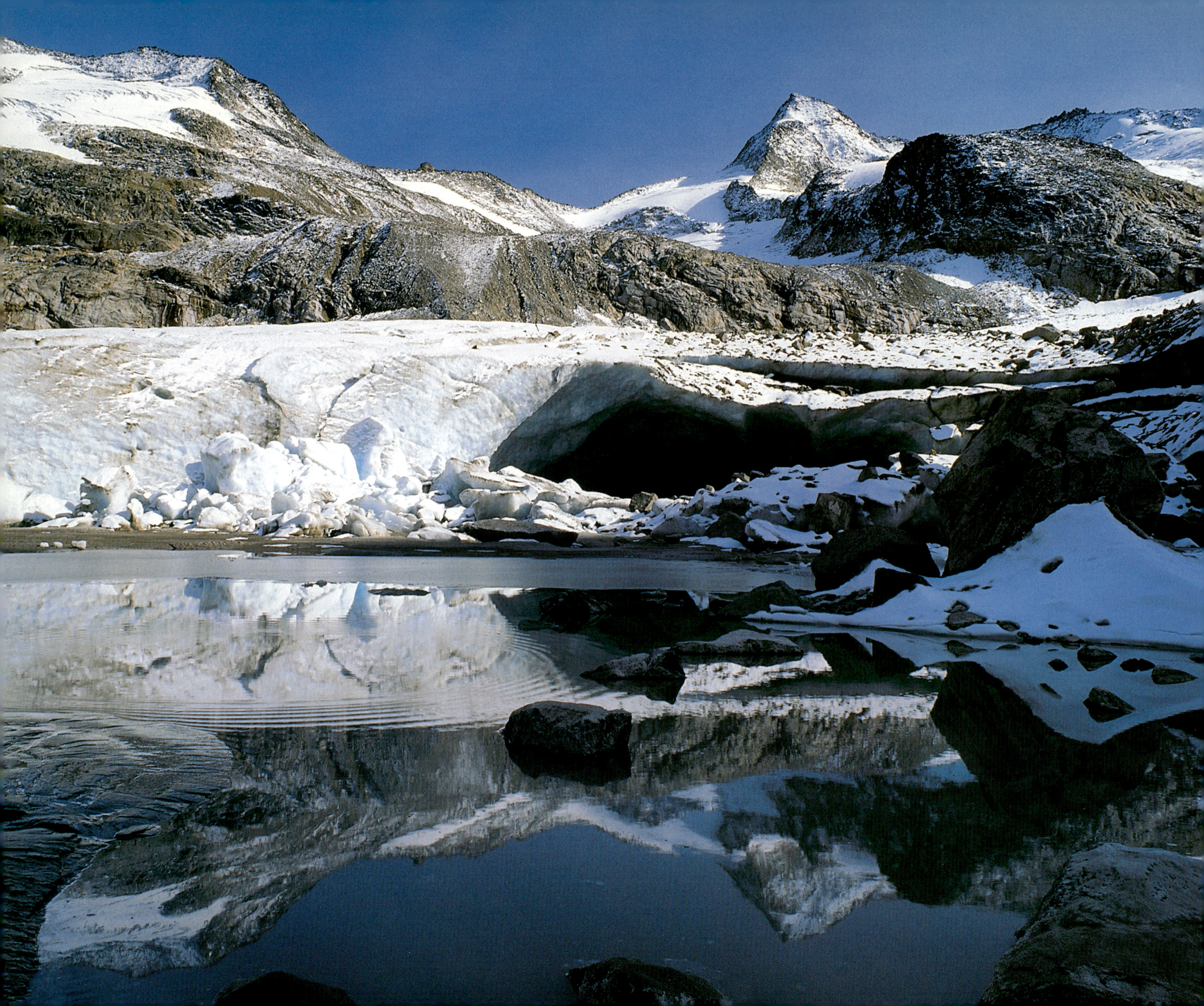

Vorhergehende Doppelseite:
Der Talschluss des Obersulzbachtals wird vom eindrucksvollen Bergpanorama der Venedigergruppe beherrscht. Der spitze Gipfel des Großen Geigers (3360 m) ragt aus einem gewaltigen Eismeer empor. Ihm zu Füßen liegt das Obersulzbachkees, mit einer Fläche von 13 km² der größte Gletscher im Land Salzburg. Er zieht vom Großen Geiger, Groß- und Kleinvenediger nach Nordwesten, wo er unterhalb der Kürsinger Hütte einen zusammengesunkenen Eisbruch bildet.

Ein mit zahlreichen, informativen Haltepunkten versehener Lehrweg führt bis an die Gletscherzunge des Obersulzbachkees. Wie viele andere Gletscher auch, ist der Obersulzbachkees seit dem letzten Jahrhundert weit zurückgewichen. Nicht nur die Erwärmung setzte ihm zu, sondern auch ein Schmelzwassersee, der die Gletscherzunge seit einigen Jahren unterhöhlt. Durch die warme Luftströmung, die durch die Tunnel und Gänge fließt, schmilzt das Eis auch von unten. Dort, wo die Eisdecke zu dünn wird, bricht sie in sich zusammen. Es entstehen große kraterähnliche Löcher, auf deren Grund sich das Gletscherwasser seeartig ausbreitet.

Salzburg

Als „König der Lüfte" wird der Steinadler aufgrund seiner großen Geschicklichkeit in der Luft respektvoll bezeichnet. Die von ihm beanspruchten Reviere sind sehr groß und können bis zu 150 km² erreichen. Der Menüplan des Steinadlers ist vielseitig und den lokalen und jahreszeitlichen Angeboten angepasst. Er ernährt sich vorwiegend von Murmeltieren, Gams-, Reh- und Hirschkitzen, Rotfüchsen und kleineren Säugetieren. In der Brutzeit werden auch Vögel als Futter für die Jungen geschlagen. Dank seiner mächtigen Schwingen und kräftigen Fänge kann der Steinadler Beutetiere bis zu einem Gewicht von etwa fünf Kilogramm auch über größere Strecken transportieren.

Aufgrund der extremen klimatischen Verhältnisse und der spärlichen Vegetation können im Hochgebirge nur jene Vogelarten existieren, die sich an die widrigen Bedingungen anpassen konnten. Die kleine Alpenbraunelle und die tiefschwarze Alpendohle etwa legen ihre Nester in Ermangelung von Bäumen in allen möglichen Ritzen und Felsspalten an. Außerdem treten Alpendohlen als alpine Kulturfolger vermehrt in der Nähe von Schutzhütten und Berggasthöfen auf, wo sie Speisereste und Küchenabfälle annehmen und so ihren Speiseplan ergänzen. Das Alpenschneehuhn hingegen hat sich gut an die hohe Schneelage im Gebirge angepasst. Die breiten Füße sind dicht befiedert, um nicht in die Schneedecke einzusinken und das Federkleid besitzt dichte Unterdaunen zur Wärmeisolierung. Um vor Fressfeinden wie dem Steinadler getarnt zu sein, trägt das Alpenschneehuhn im Winter ein schneeweißes, im Sommer dagegen ein fleckig-braunes Federkleid.

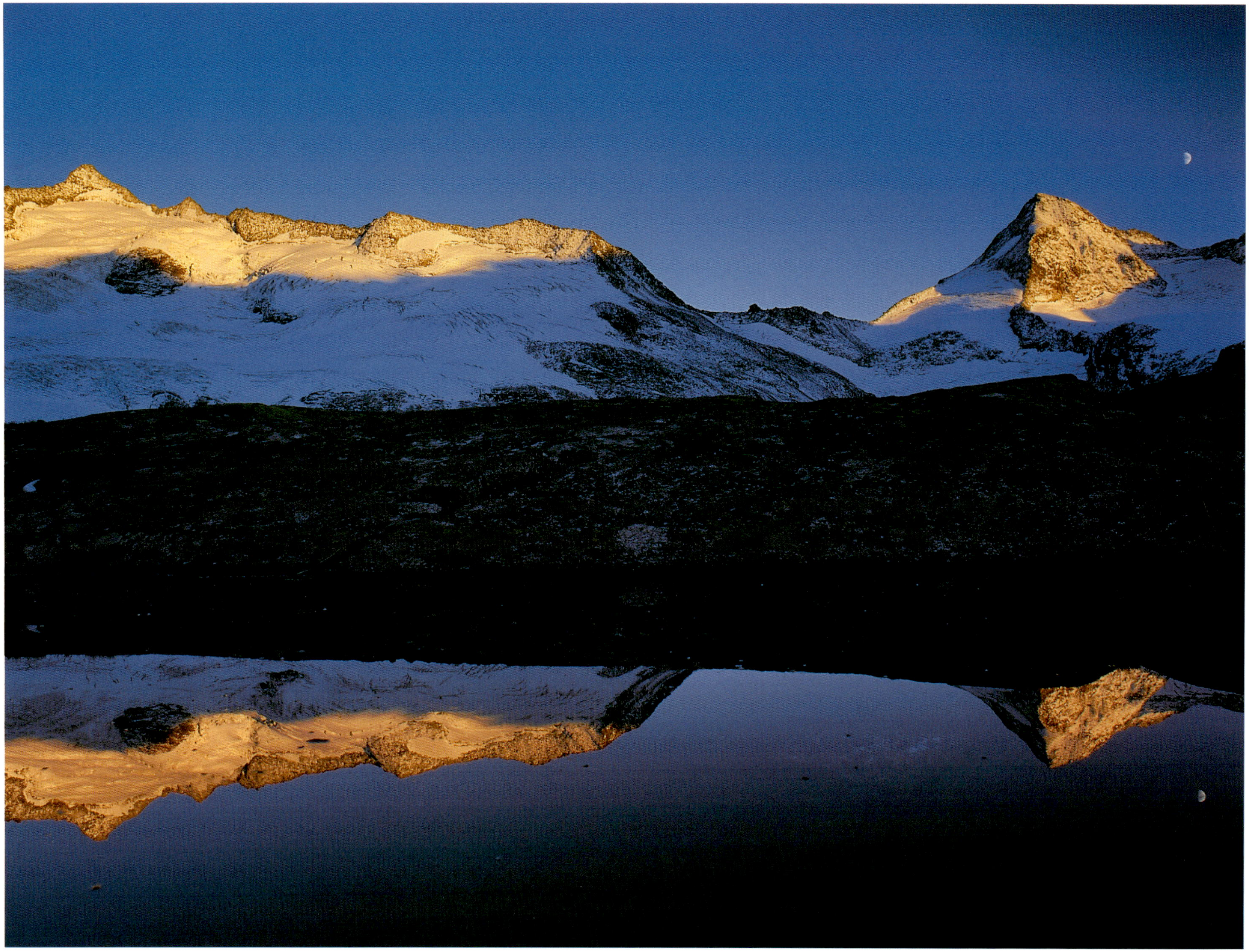

Der mächtige Gipfelaufbau des Großvenedigers (3674 m) und der markante, pyramidenartige Große Geiger (3360 m) leuchten stolz im letzten Abendlicht. Der Großvenediger gehört zu den höchsten und bekanntesten Bergen Österreichs und zieht jedes Jahr Scharen von Bergsteigern an. Die Aussicht von seinem Gipfel, der oft von riesigen Schneewächten, die an vergangene Winterstürme erinnern, geschmückt wird, ist nach allen Seiten hin atemberaubend.

Der Blick von der Kürsinger Hütte, malerisch auf einem Felsplateau hoch über dem Obersulzbachkees gelegen, auf den mächtigen, gletscherbedeckten Gipfel des Grenzkammes zwischen Krimmler Achental und dem Obersulzbachtal, ist faszinierend. Neben den beherrschenden Gipfeln von Großvenediger und Großer Geiger beeindruckt vor allem die Schlieferspitze (3290), die sich wunderschön im Wasser eines winzigen Tümpels spiegelt.

Ein Wanderweg, der durch dichten Schluchtwald führt, umrundet den Untersulzbachfall. An den felsigen Steilabfällen lässt sich mit etwas Fantasie so mancher Tierkopf aus dem Gestein formen. An vielen Stellen haben sich Schwefelgelbe Leuchtflechten an den Fels geheftet. Diese Flechtenart besiedelt Überhänge und Nischen bachnaher Felsen, die von wassergesättigter Luft umhüllt werden.

Bei Neukirchen am Großvenediger durchschneidet der malerische Untersulzbachfall eine tiefe Schlucht, an deren Hängen der ständige Sprühregen eine üppige Vegetation gedeihen lässt. Aussichtskanzeln geben einen beindruckenden Blick auf den Wasserfall frei, der 50 Meter tief fällt, dann noch über einige kleine Katarakte fließt und sich schließlich durch eine 200 Meter lange Klamm zwängt.

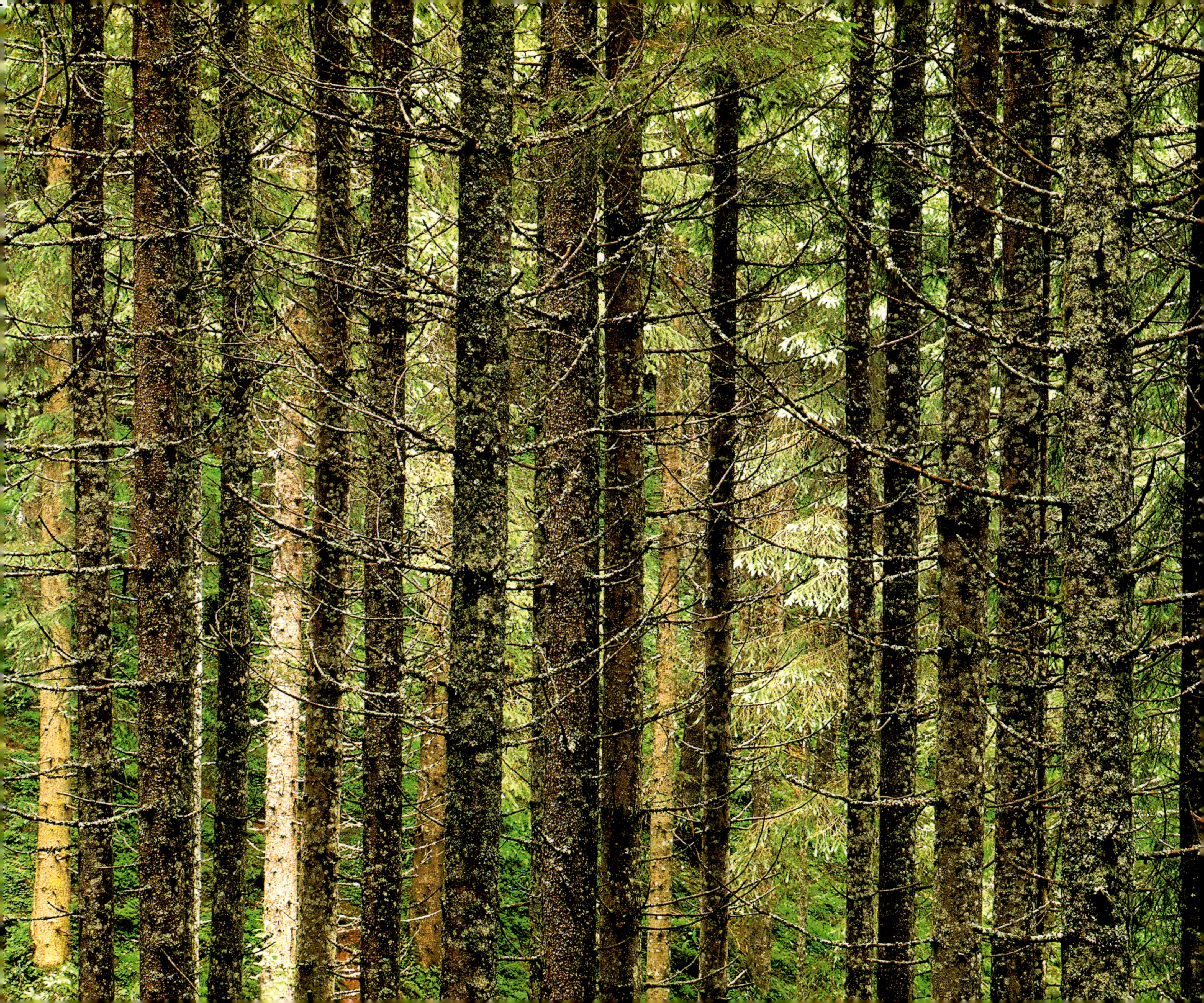

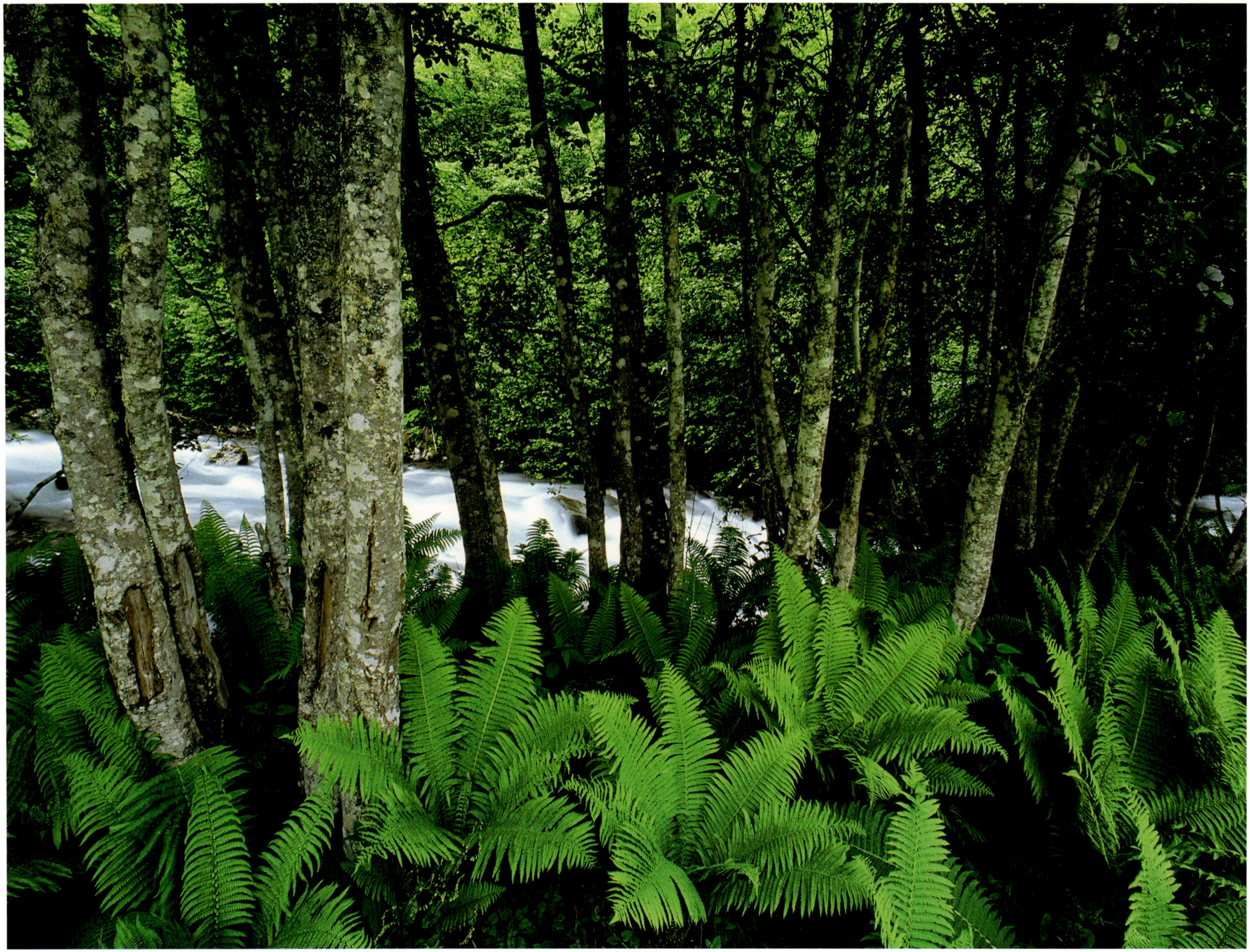

Der von Grauerlen und Farnen gesäumte Hollersbach ist durch einen interessanten, mit zahlreichen Informationstafeln versehenen Bachlehrweg erschlossen. Durch die Symbiose der Grauerle mit Knöllchenbakterien, die in der Lage sind, Luftstickstoff zu binden, und die rasche Verwitterung der Erlenblätter sind die Böden reich an Stickstoff. Während der fruchtbare Wald Nahrung für eine Vielzahl von Singvögeln bietet, versorgt der Hollersbach die Wasseramsel, die im Wasser tauchend und schwimmend auf Beutezug geht, ausreichend mit Krebschen, Strudelwürmern oder Insekten.

Laubwälder bieten aufgrund ihres dichten Blattwerkes vielen Vogelarten gut getarnte Brutplätze. Amseln stabilisieren ihre aus Gras, Blättern und Ästen bestehenden Nester mit einer Lehmschicht. Während der Jungenaufzucht sammeln sie eifrig Regenwürmer, um damit die stets hungrigen Mäuler ihres Nachwuchses zu stopfen. Die Jungamseln verlassen bereits nach kurzer Zeit ihre Kinderstube, werden aber von beiden Elternteilen außerhalb des Nestes noch weitergefüttert.

Beim Habicht ist das Weibchen deutlich größer und schwerer als das Männchen. Dementsprechend bevorzugen sie auch unterschiedliche Beutetiere. Im Gegensatz zum Männchen, das besonders häufig Waldvögel wie Amseln, Eichelhäher oder Elstern erbeutet, schlägt das Weibchen auch größere Tiere wie Kaninchen und Hasen. Die kurzen Flügel ermöglichen dem wendigen Habicht ein Jagen in deckungsreichen Waldlandschaften. Bäume, Gebüsch und Gräben nutzen sie dabei geschickt zum „Anpirschen" aus.

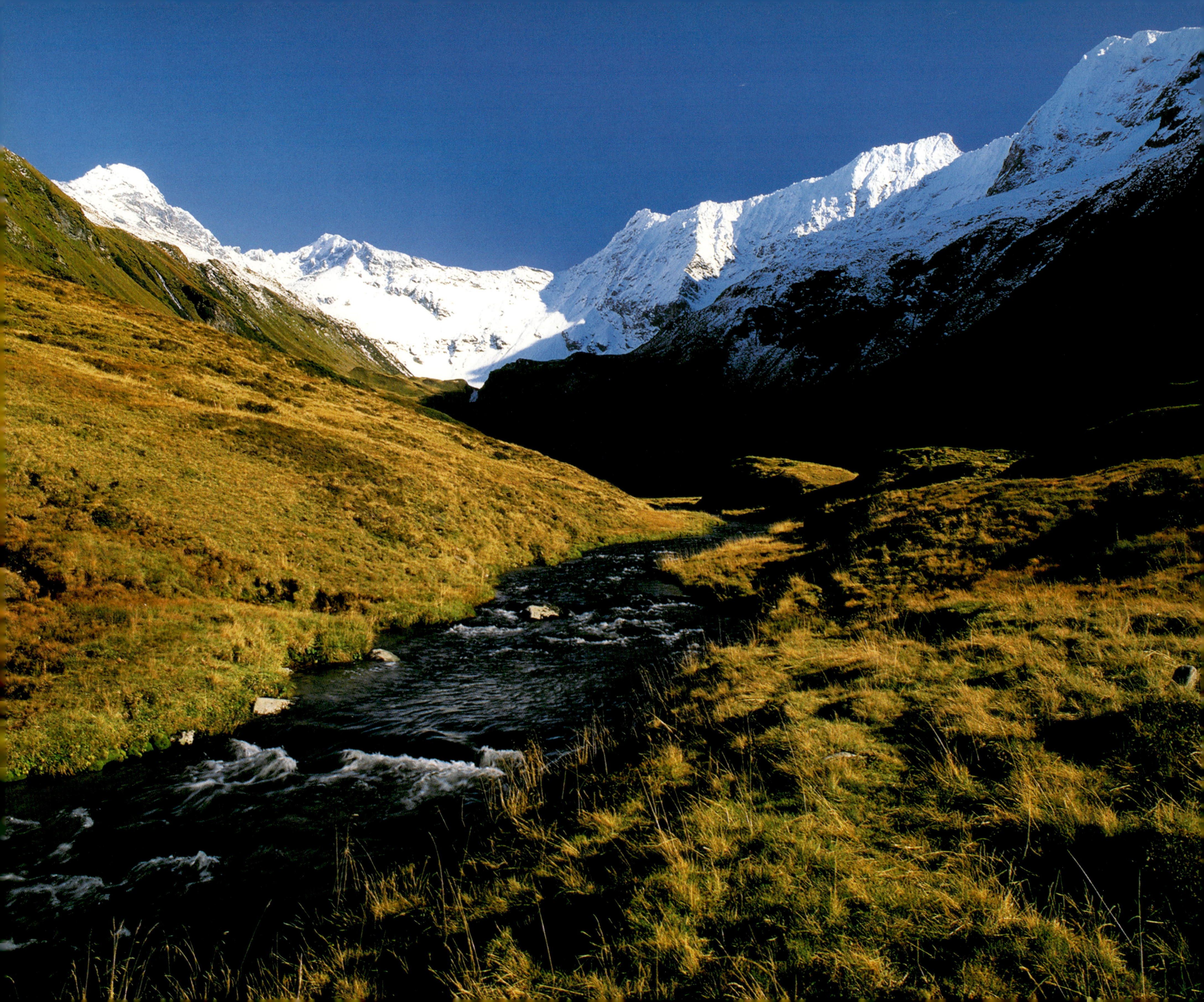

Das malerische Vordermoos (1860 m), ein an Insekten und Amphibien reiches Niedermoor, wird vom Weißeneckbach mäanderartig durchflossen. Ob ein Fluss mäandriert, hängt insbesondere von der Standfestigkeit seiner Ufer ab. Ufer aus Kies und Sand mit nur wenig Feinerdeanteil neigen eher zur Verwilderung oder Verzweigung. Mäander entstehen, wenn bei nachlassender Strömungsgeschwindigkeit des Flusses Kies- und Sandbänke abgelagert werden. Diese Ablagerungen zwingen das Wasser zum Ausweichen, so dass sich die Flussschlingen nach und nach ausweiten. Im Innenbogen einer solchen Schleife ist die Strömung deutlich geringer. Hier werden Sedimente abgelagert, und es bildet sich ein flach ansteigender Gleithang. Meist bewirkt aber alleine schon das turbulente Fließen des Wassers ein Hin- und Herschwingen des Wasserstromes und somit die Mäanderbildung.

Im Schatten des im Morgenlicht erstrahlenden Larmkogels (3022 m) stürzt der Seebach vom Kratzenbergsee kommend als imposanter Schleierfall 110 Meter über eine steile Geländestufe. Das zu Tal tosende Wasser entwickelt insbesondere nach der Schneeschmelze im Frühjahr und nach Unwettern hohe Energien und vereinigt sich mit dem Weißeneckbach des Vordermooses, fließt als Hollersbach fünfzehn Kilometer lang durch das Hollersbachtal und ergießt sich schließlich in die Salzach.

Der markante Kratzenberg (3023) spiegelt sich im bis zu 32 Meter tiefen Wasser des Kratzenbergsee (2162 m), der mit einer Fläche von 24 ha der größte natürliche Bergsee im Nationalpark Hohe Tauern ist. Wie die meisten Bergseen, entstand auch der Kratzenbergsee durch die gewaltige Kraft der Eiszeitgletscher und wird heute aufgrund seiner Einzigartigkeit als Naturdenkmal der Hohen Tauern ausgewiesen.

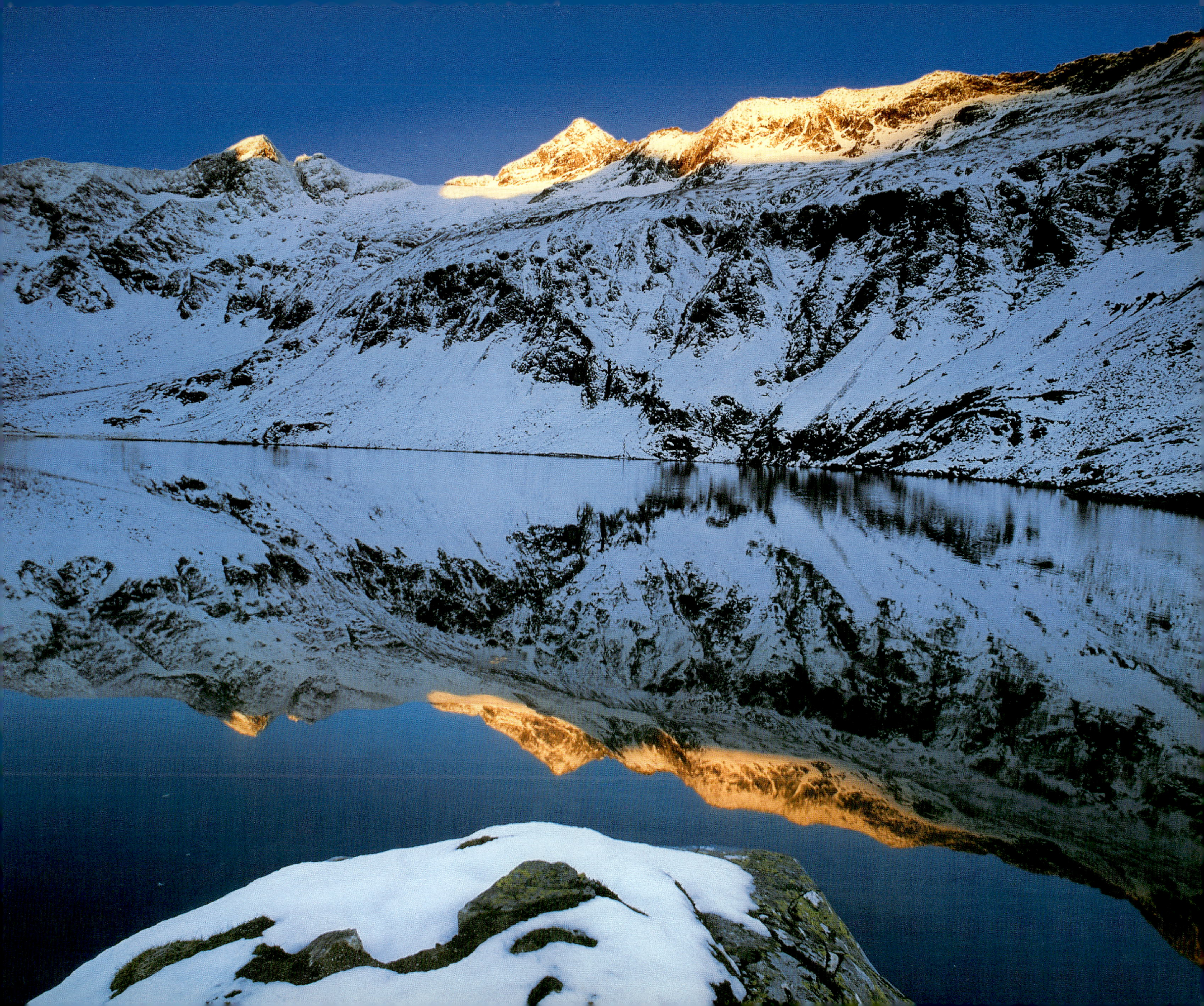

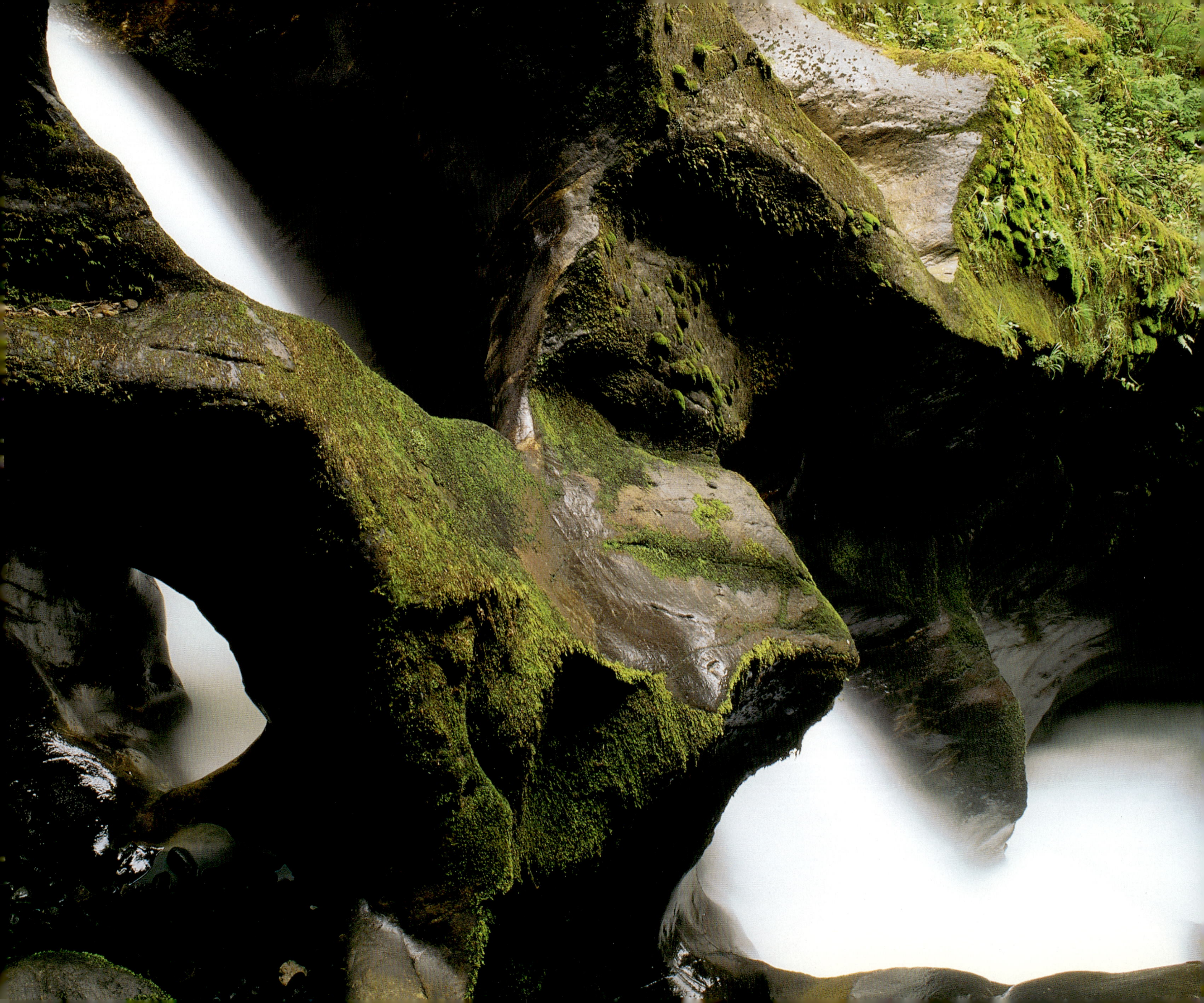

Der Felberbach zwängt sich durch die enge Schlucht der Schößwendklamm im Felbertal. In Jahrtausendelanger Arbeit lösten die Wassermassen die weicheren Gesteinsschichten auf, während das zähere Gestein ihnen widerstehen konnte. So entstanden bizarre Auskolkungen, deren Felsbögen an zeitgenössische Kunstwerke erinnern. Besonders zur Zeit der Schneeschmelze und nach Regenfällen bietet die Klamm ein imposantes Naturschauspiel. Dann prallt das Wasser mit unvorstellbarer Kraft auf den Fels, besprüht die Umgebung reichlich mit Wassertröpfchen und lässt so eine üppige Vegetation gedeihen.

Das Rotwild ist weitgehend dämmerungs- und nachtaktiv. Im Schutze der Dunkelheit erscheint es auf den Lichtungen der Bergwälder, um sich an Gräsern, Kräutern und Trieben satt zu fressen. Weibliche Tiere bilden mit ihren Jungen zumeist eigene Rudel. Erst zur Brunftzeit gesellen sie sich zu den männlichen Tieren.

Auf einer Hochfläche im hinteren Stubachtal, auf der zahlreiche, einst von Gletschern ausgeschürfte Wannen liegen, befindet sich der Wiegenwald. Der urwüchsige Bergmischwald beherbergt zahlreiche Moortümpel, die von betagten Fichten, Lärchen, Zirben und Latschen umgeben sind.

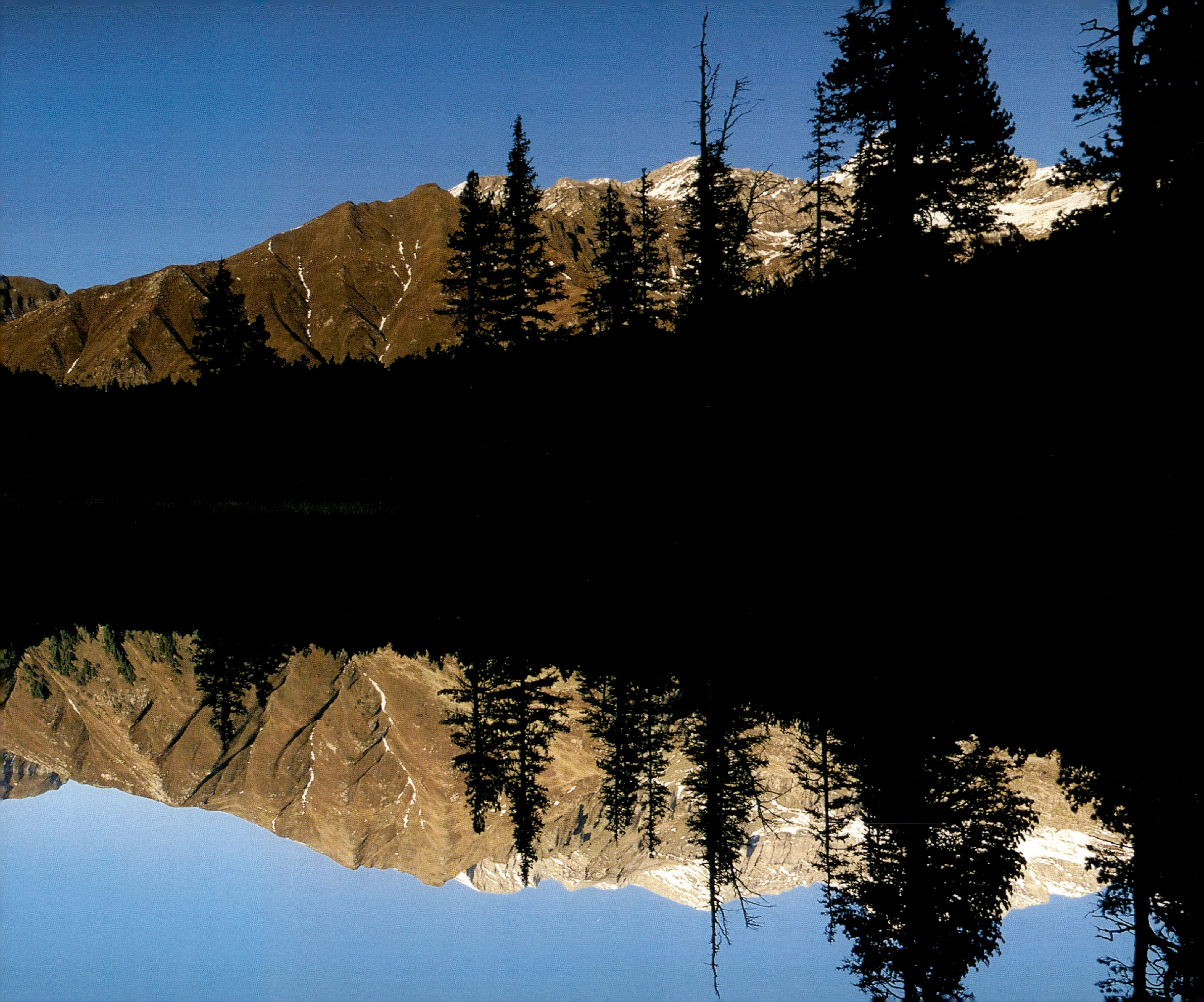

Der Rothirsch ist mit einer Schulterhöhe von 1,5 Metern und einem Gewicht von bis zu 200 Kilogramm das größte Tier des Nationalparks. Nur die männlichen Tiere tragen ein Geweih, das bis zu sechs Kilogramm schwer wird und ihnen als Waffe und Statussymbol dient.

Zwischen der Dorfer Öd und dem Stubachtal befindet sich ein urtümlicher Bergmischwald mit uralten Zirbenbeständen. Aufgrund seiner Einzigartigkeit steht der Wiegenwald unter besonderem Schutz und kann nur im Rahmen einer organisierten Führung besucht werden.

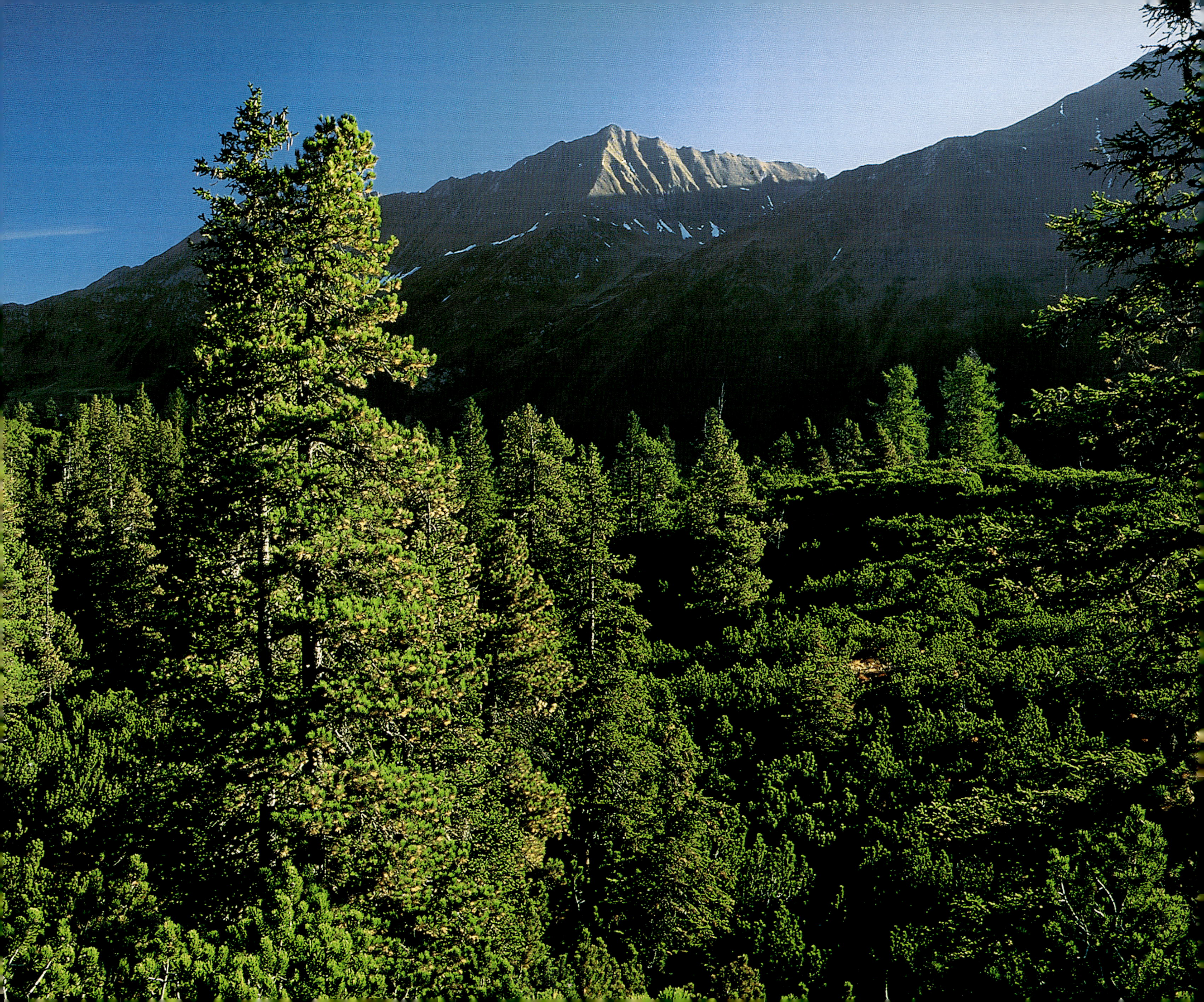

Der Laubwald beim Kesselfall im Kapruner Tal stellt ein seltenes Naturwaldreservat dar. Der urige Mischwaldbestand aus verschiedenen Laubbaumarten und einzelnen Fichten ist bedingt durch die hohe Luftfeuchtigkeit reich mit Moosen, Flechten und Pilzen bewachsen. Tote Bäume verrotten mit Hilfe von Insekten und Pilzen am Boden und bieten durch ihr feuchtes und nährstoffreiches Holz jungen Bäume einen idealen Nährboden. So entsteht aus totem Holz in einem natürlichen Kreislauf immer wieder neues Leben.

Die eindrucksvolle Sigmund-Thun-Klamm bei Kaprun ist durch eine im Fels verankerte Steiganlage gut erschlossen. Auf einer Länge von 320 Metern überwindet die durch die Schlucht stürzende Kapruner Ache eine Höhendifferenz von etwa achtzig Meter. Das Wasser hat sich bereits tief in das Schiefergestein eingeschnitten und dabei markante Glättungen, Strudeltöpfe und Kolke gebildet.

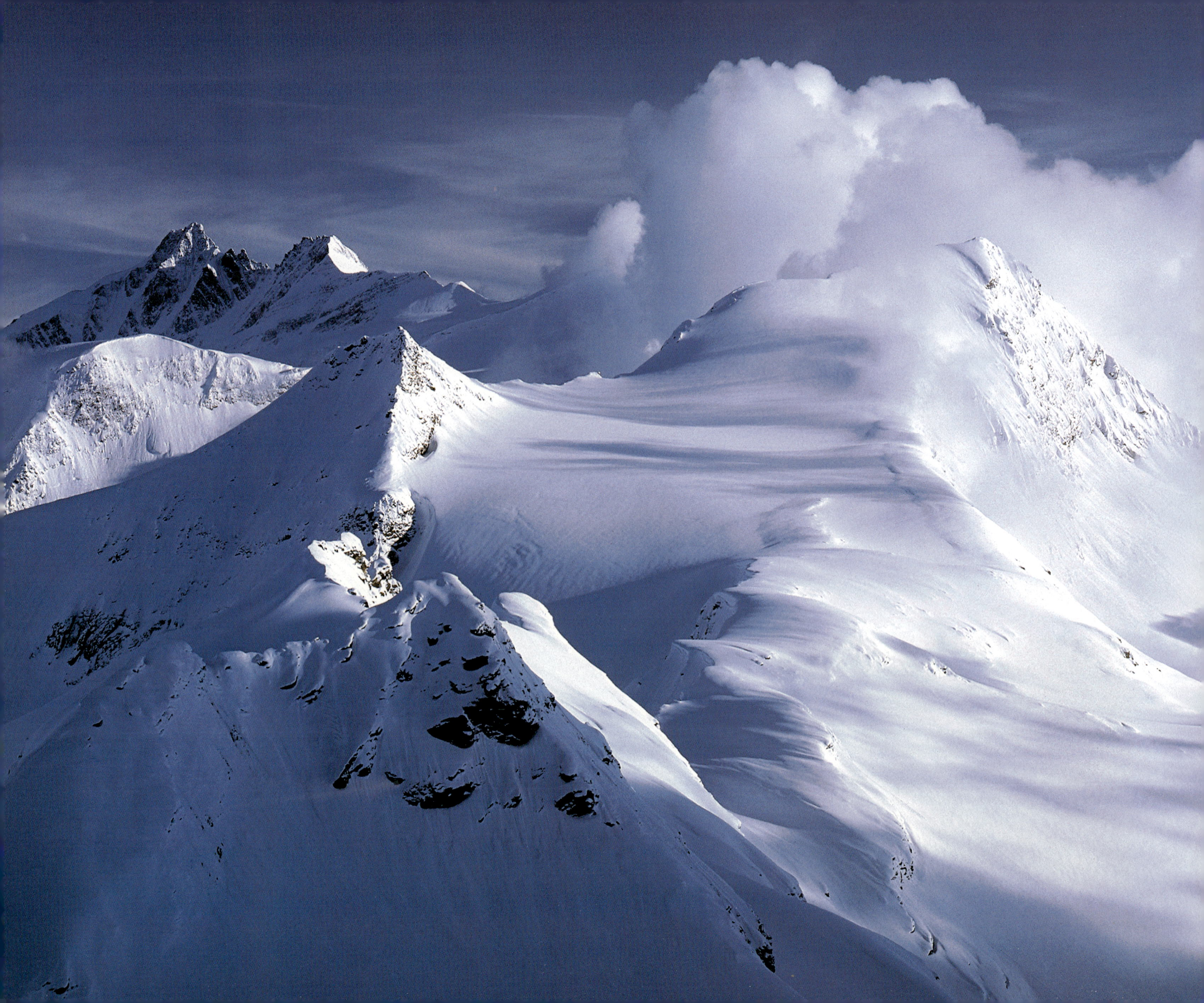

Ein atemberaubender Blick eröffnet sich von den Kapruner Bergen
auf die frisch verschneite Glocknergruppe. Zum Greifen nahe erscheint der
Großglockner (3798 m) im warmen Sonnenlicht des zu Ende gehenden
Tages. In den Sommermonaten locken die 3.000er des Nationalparks viele
berginteressierte Menschen in die Hohen Tauern. Doch sind die Launen
des Wetters im Hochgebirge nicht zu unterschätzen. Entsprechende
Kleidung und Ausrüstung sind daher zur eigenen Sicherheit anzuraten.

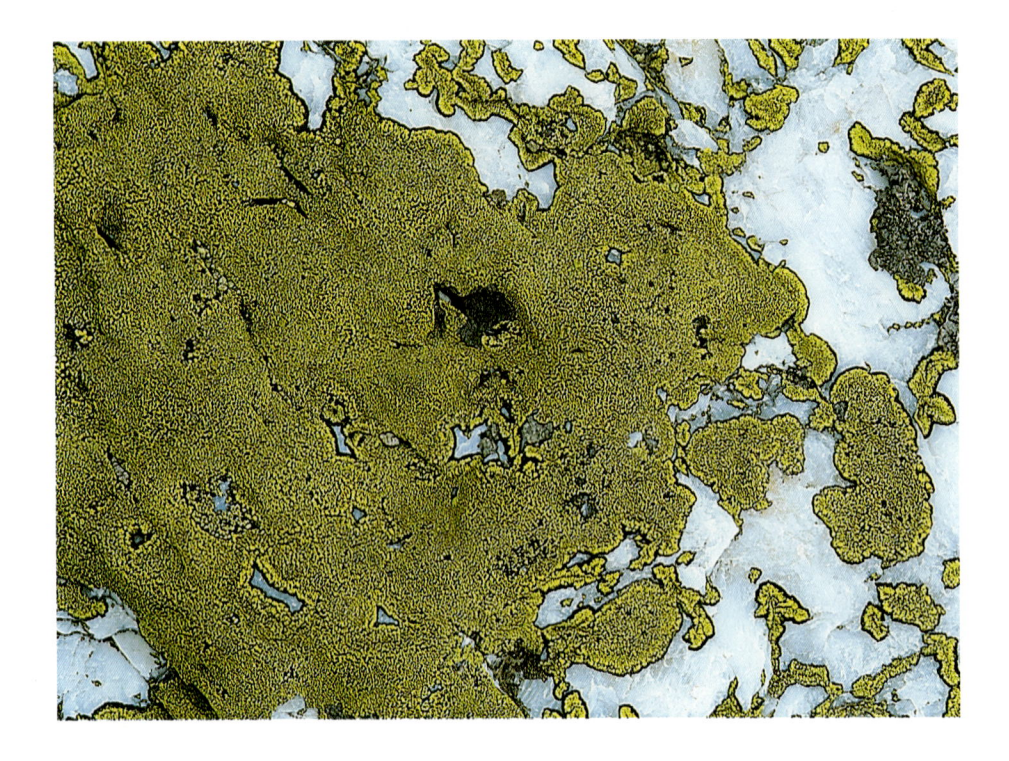

Im Hochgebirge können Pflanzen nur Dank besonderer Anpassung überleben. Felsstandorte zeichnen sich durch Humus- und Nährstoffarmut aus. Da sich die Felsen in der Sonne schnell aufheizen, müssen die Pflanzen mit großen Temperaturschwankungen zurechtkommen. Polsterpflanzen wie die Gemsheide etwa bilden kompakte, polsterartige Wuchsformen aus, in dem die dicht stehenden Blätter und Blüten ein eigenes Mikroklima ausbilden. Außerdem sorgt es für Selbstdüngung, da die Pflanzenreste im Polsterinneren nach der Verrottung wieder als Nährstoff zur Verfügung stehen. Flechten hingegen haben den Vorteil, dass sie keine Wurzeln ausbilden und daher auch keinen Boden für deren Wachstum benötigen. Wasser und Nährstoffe nehmen sie größtenteils aus der Luft auf. (Noch in Höhen von weit über 3000 m sind viele Felsen mit verschiedenen, leuchtend bunten Flechten bewachsen.)

An einigen Aussichtspunkten an der Großglockner-Hochalpenstraße haben sich die possierlichen Murmeltiere an die Anwesenheit des Menschen gewöhnt. Sie zeigen wenig Scheu vor den staunenden Nationalparkbesuchern und stehlen ihnen mitunter sogar die Jause. Erschrecken sie aus irgendeinem Grund, warnen sie ihre Artgenossen durch einen oder mehrere schrille Pfiffe und verschwinden blitzartig in ihrem Bau.

Nachfolgende Doppelseite:
Von Ferleiten im Fuschertal steigt die Großglockner-Hochalpenstraße in vielen Kehren steil bergan und führt durch beeindruckendes Nationalparkgebiet. Die Ausblicke auf die spektakuläre Hochgebirgswelt der Glocknergruppe werden einem nirgendwo sonst so mühelos und eindrucksvoll zuteil. Vom Aussichtspunkt Fuscher Törl bietet sich ein faszinierender Blick auf die Dreitausender Sonnenwelleck (3261 m), Fuscherkarkopf (3331), Breitkopf (3154 m), Hohe Dock (3348 m), Klockerin (3419 m) und Großes Wiesbachhorn (3564 m), die sich gletschergeschmückt in einer kleinen Lacke spiegeln.

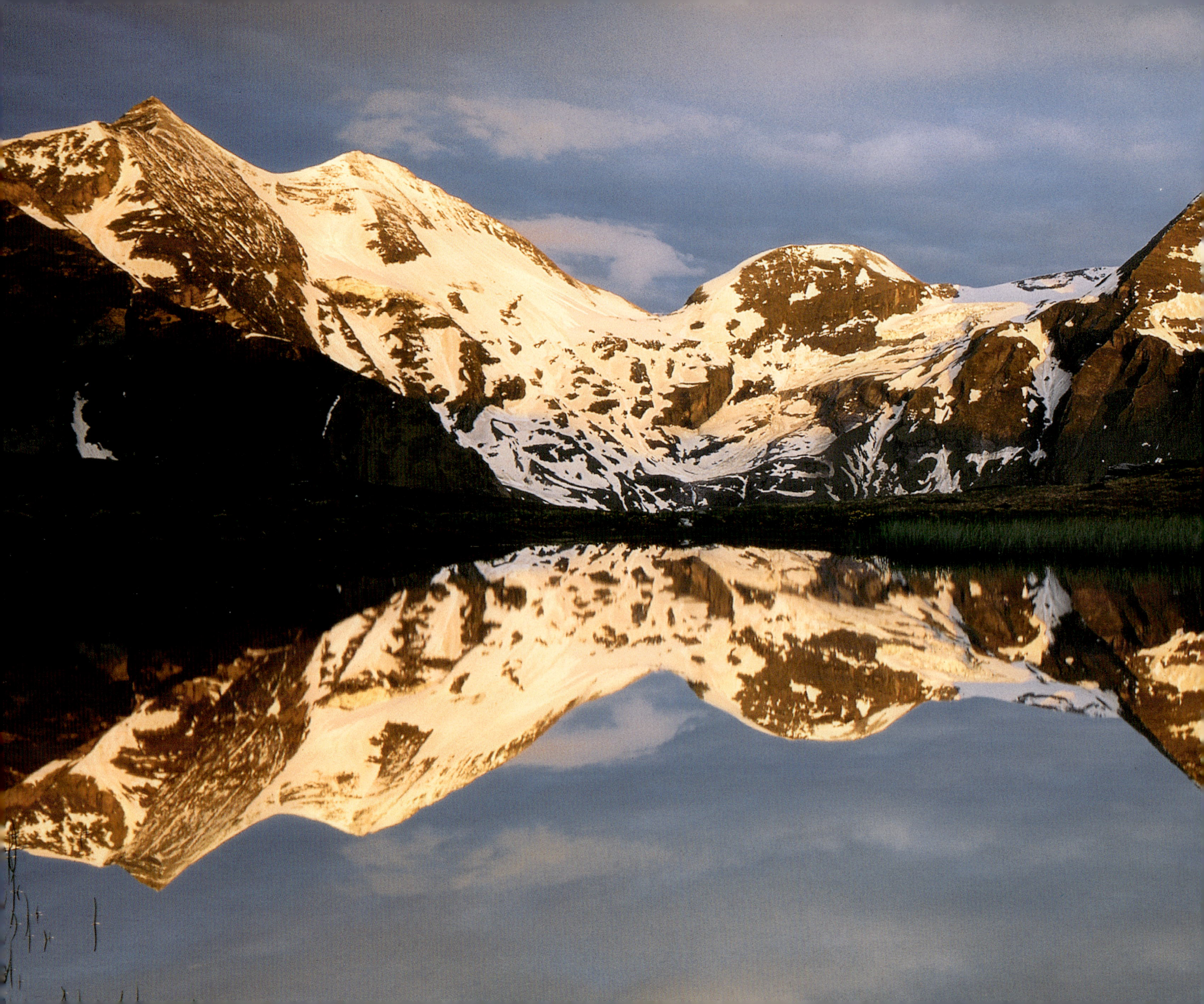

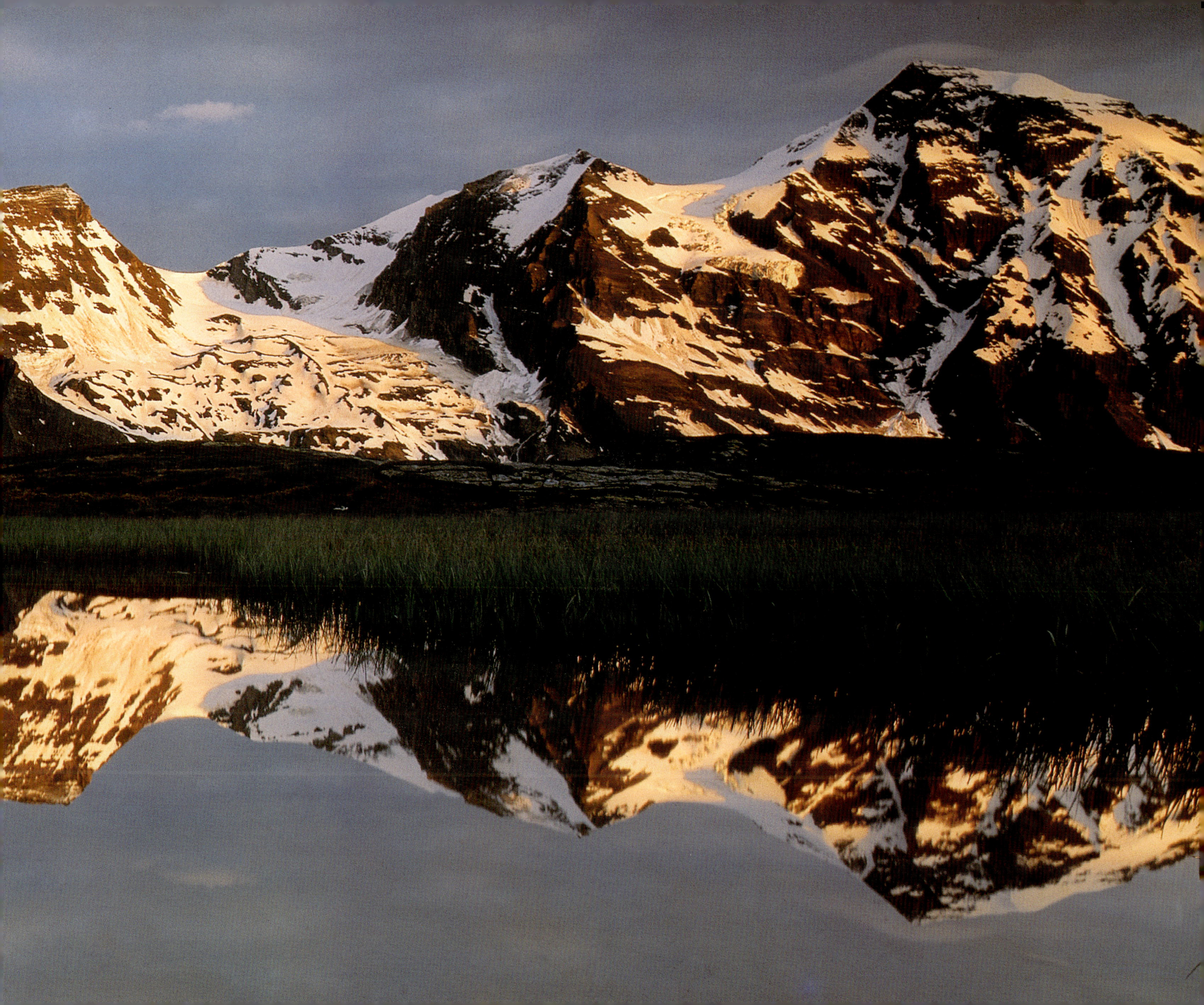

Der Rauriser Urwald im hintersten Hüttwinkltal ist ein Bergsturzwald mit vielen kleinen Hügeln und wassergefüllten Mulden, die von Fichten, Lärchen und Zirben gesäumt werden. Ein familienfreundlicher, mit Informationstafeln ausgestatteter Lehrweg und ein Waldmuseum erzählen hier Wissenswertes zu Fauna und Flora.

Lange Bartflechten hängen zottig von den Ästen greiser Bäume. Sie wachsen nur wenige Millimeter pro Jahr und können je nach Alter und Art unterschiedliche Längen erreichen. Flechten sind Bioindikatoren, die sehr empfindlich auf negative Umwelteinflüsse reagieren. So lässt Ihr Vorkommen auf höchste Luftgüte schließen.

Das Eichhörnchen verbringt fast das ganze Leben in luftiger Höhe. Aufgrund seiner langen Finger und den starken Krallen kann es ausgezeichnet klettern. Es ist aber auch in der Lage, Distanzen bis zu mehreren Metern zu überspringen, wobei der buschige Schwanz als Steuer- und Schwebehilfe dient. Seitlich am Körper besitzen die Eichhörnchen kleine Sinneshaare, welche eine bessere Orientierung zwischen den Ästen ermöglichen.

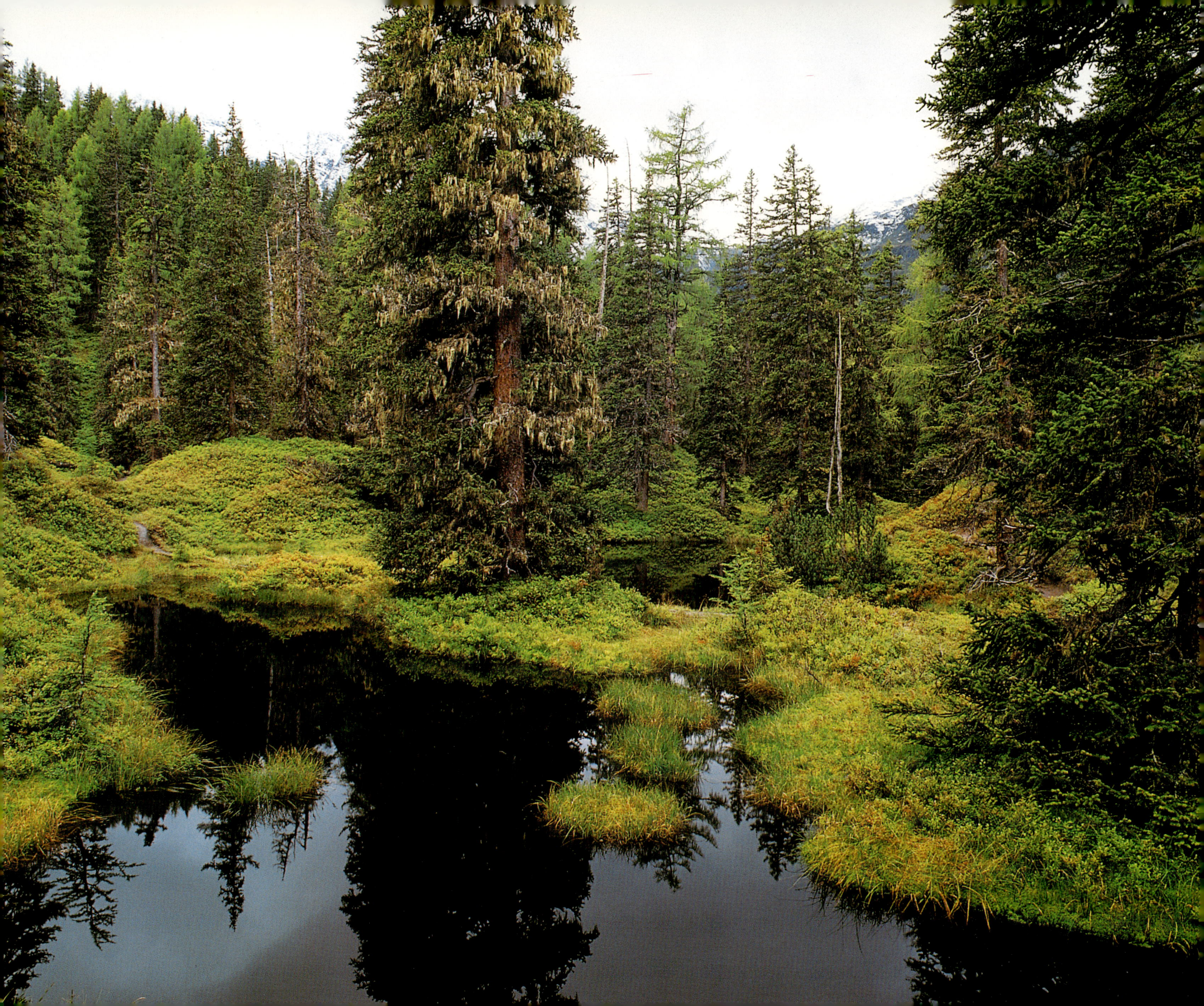

An vielen Stellen des Rauriser Urwaldes sammelt sich das Wasser in kleinen Tümpeln und Lacken, die verschiedenen Amphibienarten einen idealen Lebensraum bieten. Zahlreiche Farne, Moose und Zwergsträucher bedecken den Waldboden. An sonnigen, windgeschützten Bereichen des Rauriser Urwaldes finden sich zudem zahlreiche Nester der Roten Waldameise. Die Roten Waldameisen bilden einen dauerhaften Staat, der sich in einem vor allem aus Fichtennadeln bestehenden Kuppelbau befindet, der teils ober- und unterirdisch angelegt ist und bis zu zwei Meter hoch werden kann.

Uralte Fichten spiegeln sich in einem kleinen Tümpel. Manche Fichten fallen durch einen kurzastigen, spitzkronigen Wuchs auf, der eine Anpassung an den oft enormen Schneedruck in dieser Höhenlage darstellt. Bäume, die dennoch unter der Last großer Schneemengen zusammengebrochen sind oder durch Stürme oder Blitzschlag gefällt wurden, verrotten am Waldboden.

Mit einer Spannweite von etwa 280 cm und einem Gewicht von bis zu acht Kilogramm gehören Gänsegeier zu den größten Vögeln des Nationalparks. Auf der Suche nach Aas überfliegen sie zumeist in kleinen Gruppen das gesamte Gebiet der Hohen Tauern. Ihre Schlafplätze im Kruml- und Hollersbachtal liegen hoch oben in den Felswänden. Dort heben Aufwinde den relativ schweren Körper der Gänsegeier schnell und kraftsparend auf große Höhen empor.

Gänsegeier ernähren sich ausschließlich von toten Tieren, welche durch Absturz, Steinschlag oder Lawinen ums Leben gekommen sind. Im kraftsparenden Segelflug erspähen sie diese mit ihren scharfen Augen bereits aus großer Höhe. Trotz ihrer Körpergröße und Kraft töten sie jedoch niemals lebende Tiere. Beim Fressen der Innereien stecken die Geier ihre Köpfe und die bis zu vierzig Zentimeter langen Hälse in den Kadaver und höhlen ihn von innen aus, so dass oft nur Haut und Knochen zurückbleiben.

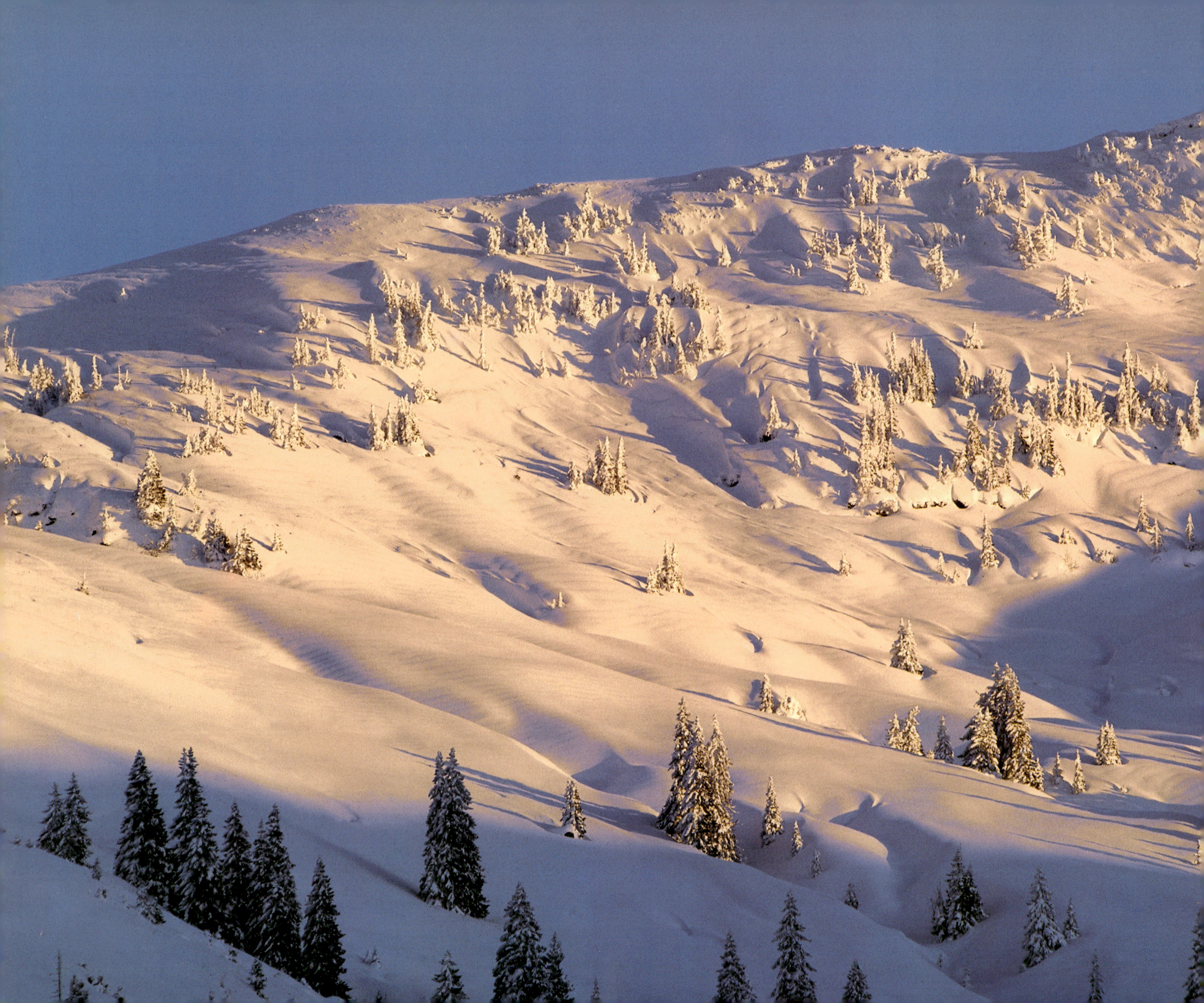

Steinböcke und Gämsen sind durch ihren kompakten Körperbau und ihr dichtes Winterfell besonders gut an die tiefen Temperaturen des Winters und das Leben im Hochgebirge angepasst. Steinböcke suchen steile Südhänge auf, wo sich der Schnee kaum festsetzt. Dürre Grasteile und Polsterpflanzen lassen sich hier leicht hervorscharren. Gemsen hingegen ziehen sich, sobald eine dicke Schneedecke die Nahrungssuche erschwert, in die obersten Waldbereiche zurück. Sie besitzen zudem eine große Zahl an roten Blutkörperchen, die es ihnen ermöglicht, auch in der dünnen Luft der Höhenlage ausreichend Sauerstoff aufzunehmen.

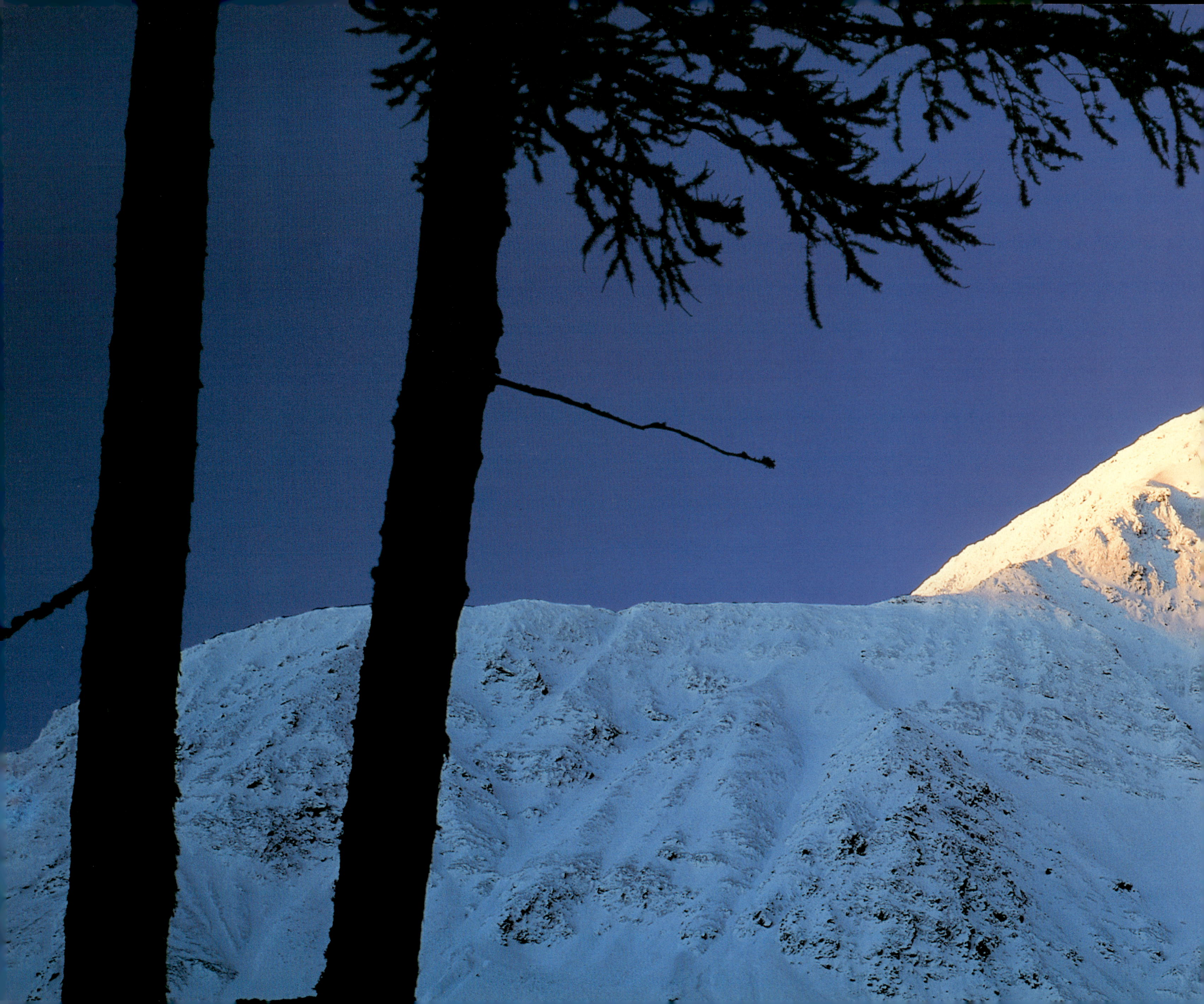

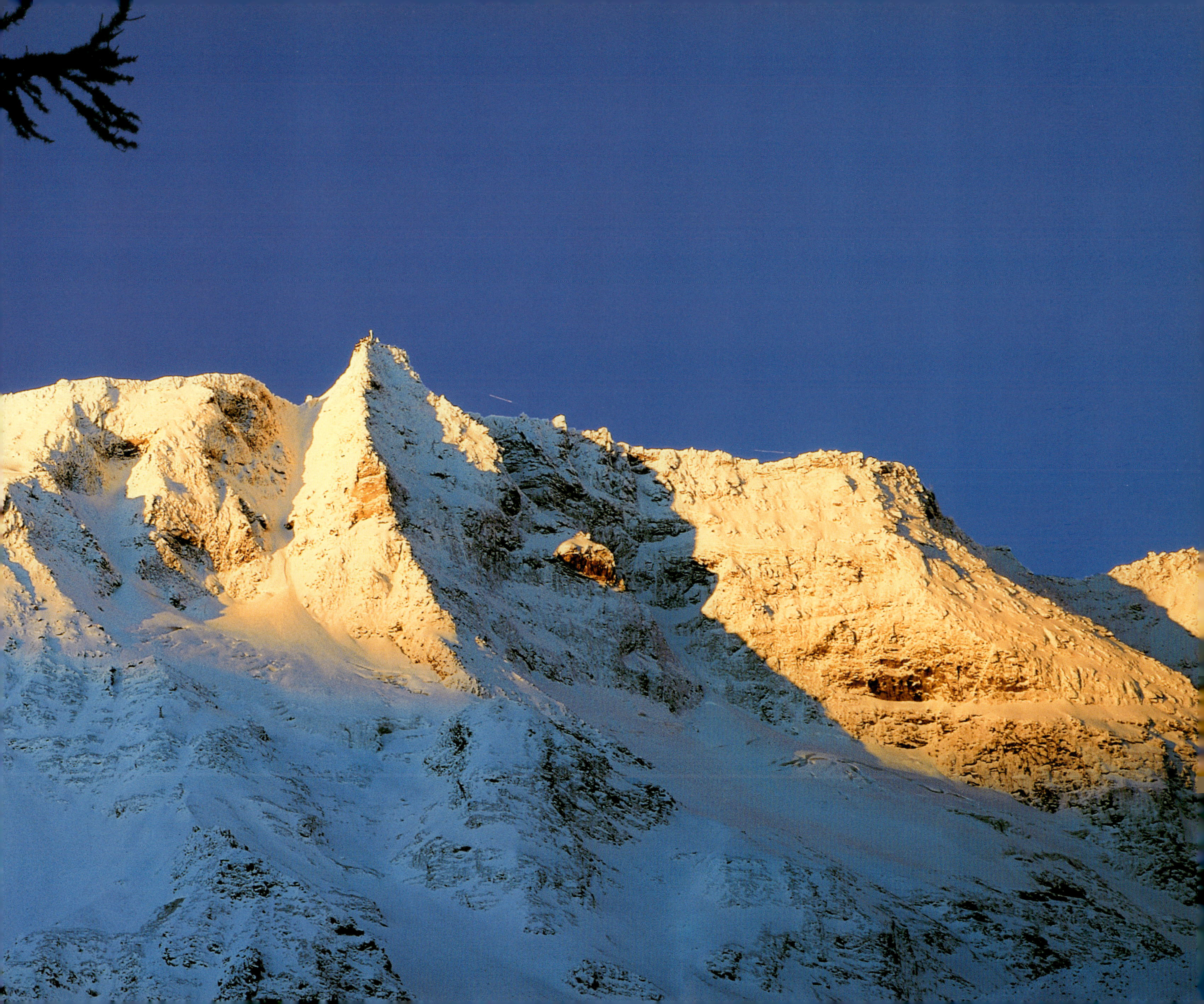

Der hohe Sonnblick zählt zu den bekanntesten Aussichtsbergen im Nationalpark. Fast senkrecht erheben sich seine Felswände aus dem Talboden des Hüttwinkltals. Auf dem Gipfel befindet sich die höchstgelegene, ständig betreute Wetterstation Österreichs, das bereits 1886 errichtete Sonnblick-Observatorium. Bergwanderer, die den anspruchsvollen Weg hierher nicht scheuen, können im angeschlossenen Zittelhaus des Österreichischen Alpenvereines übernachten. Für die beträchtliche Mühe beim Aufstieg entschädigt die atemberaubende Aussicht vom Gipfel. Besonders bei Sonnenauf- und Sonnenuntergang erstrahlen die Gipfel zahlreicher Dreitausender in einem bezaubernden Licht.

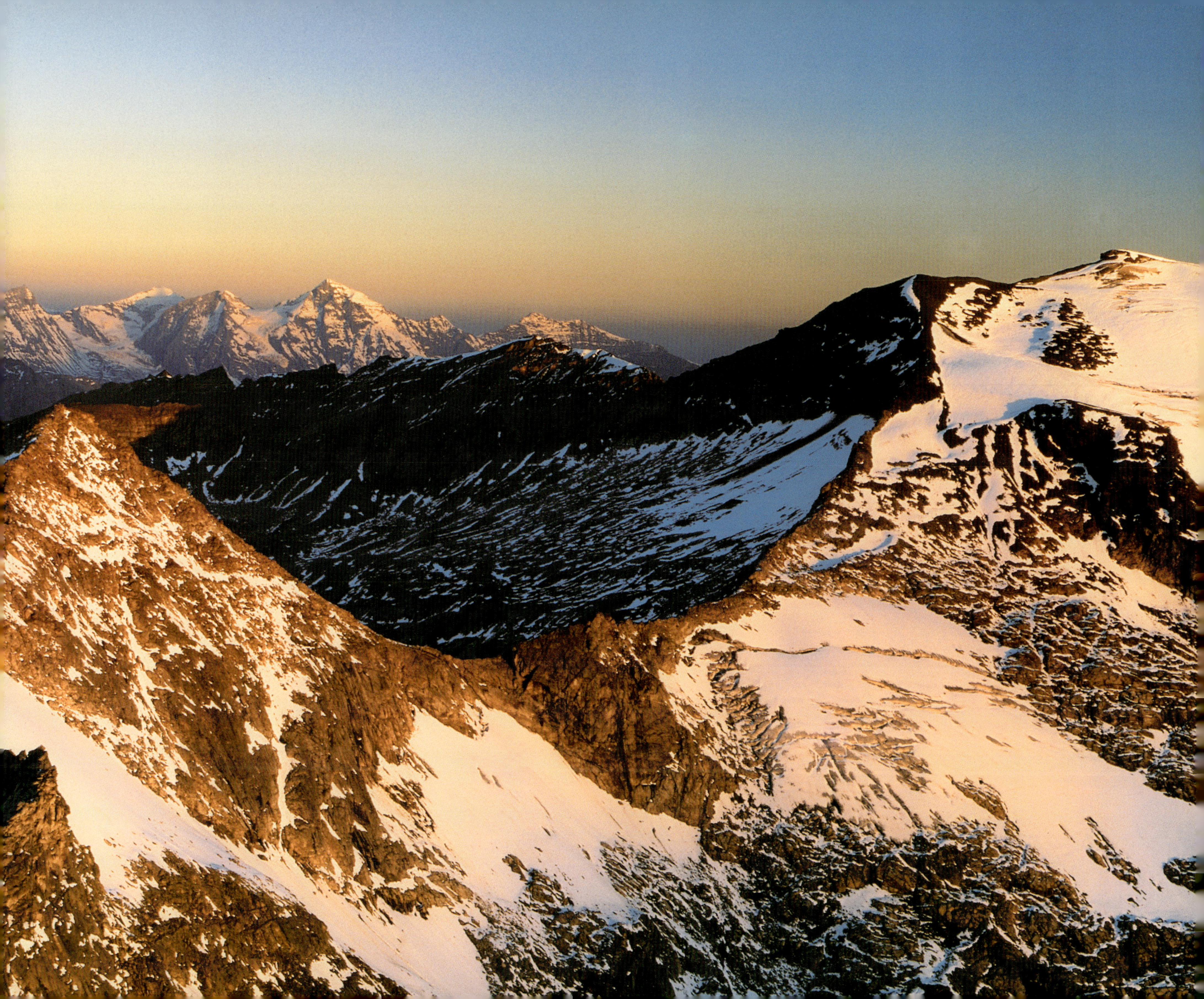

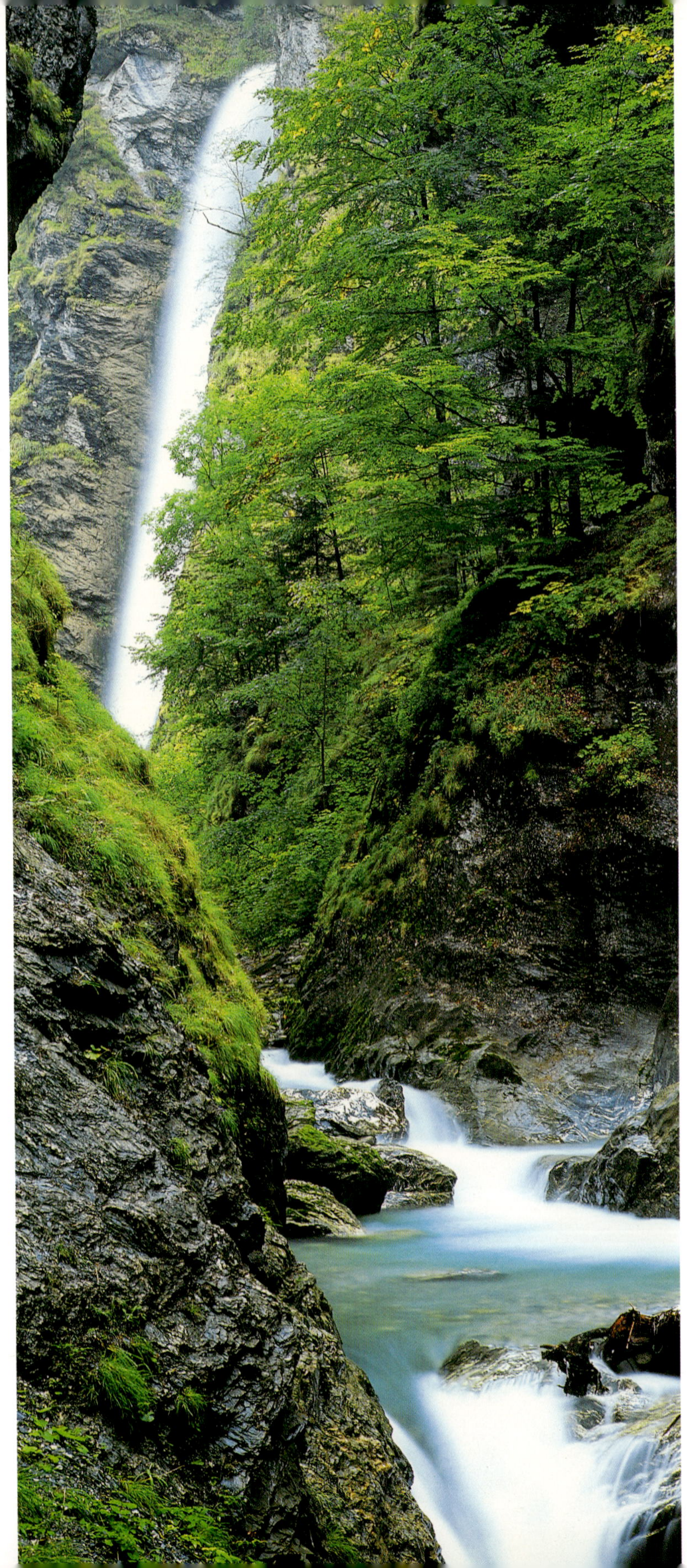

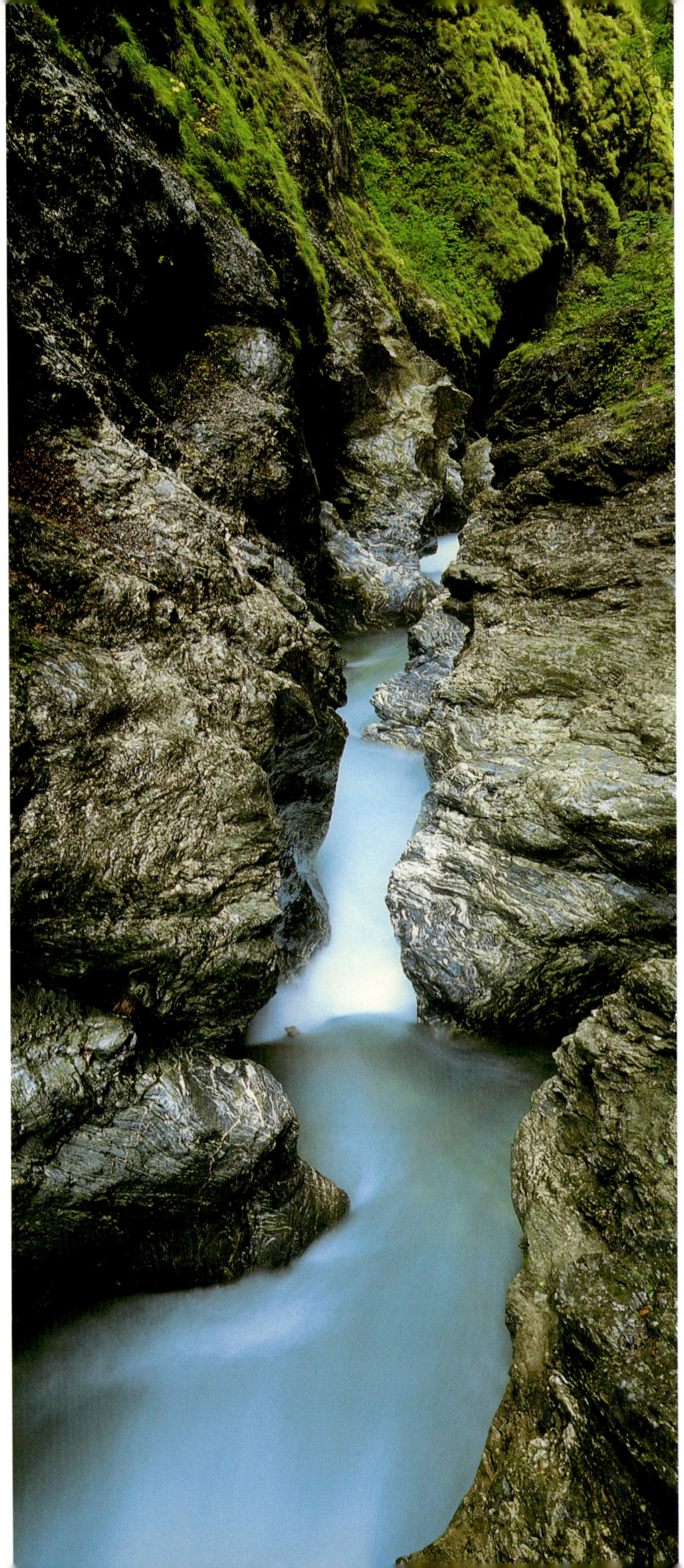

Der Großarlbach entspringt am Gstößkees in der Kernzone des Nationalparks, vereint sich mit einigen Seitenbächen und durchfließt bei St. Johann im Pongau die großartige Lichtensteinklamm, eine der schönsten Klammen der Ostalpen. Das Wasser hat sich hier über Jahrtausende hinweg tief in den weichen Klammkalk gefressen und eine enge, bis zu 200 Meter tiefe Schlucht hinterlassen. Eine Steiganlage führt entlang des Großarlbaches, vorbei an überhängenden Felswänden und ausgeprägten Strudellöchern, bis hin zum idyllischen Schleierwasserfall am Ende der Klamm.

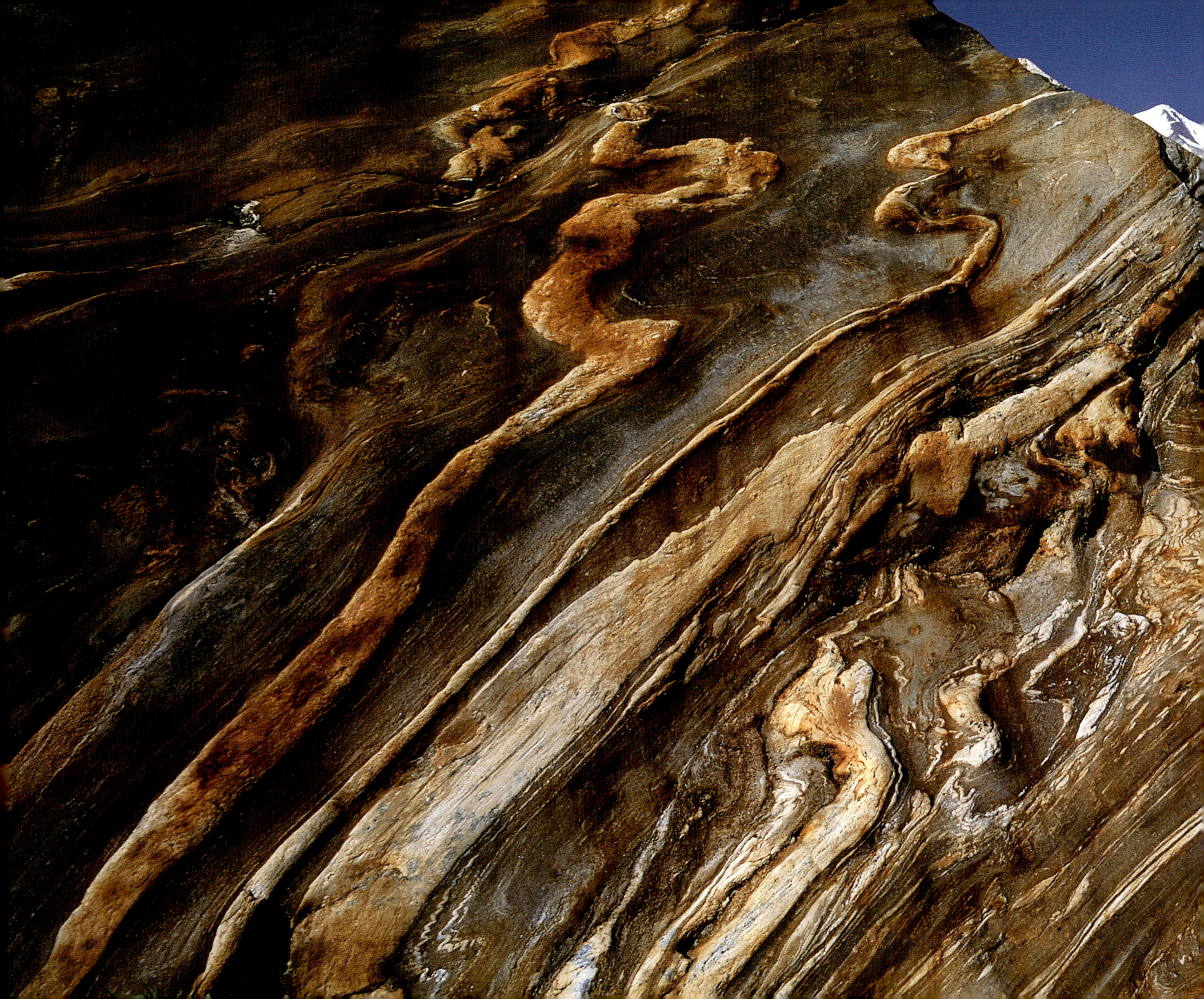

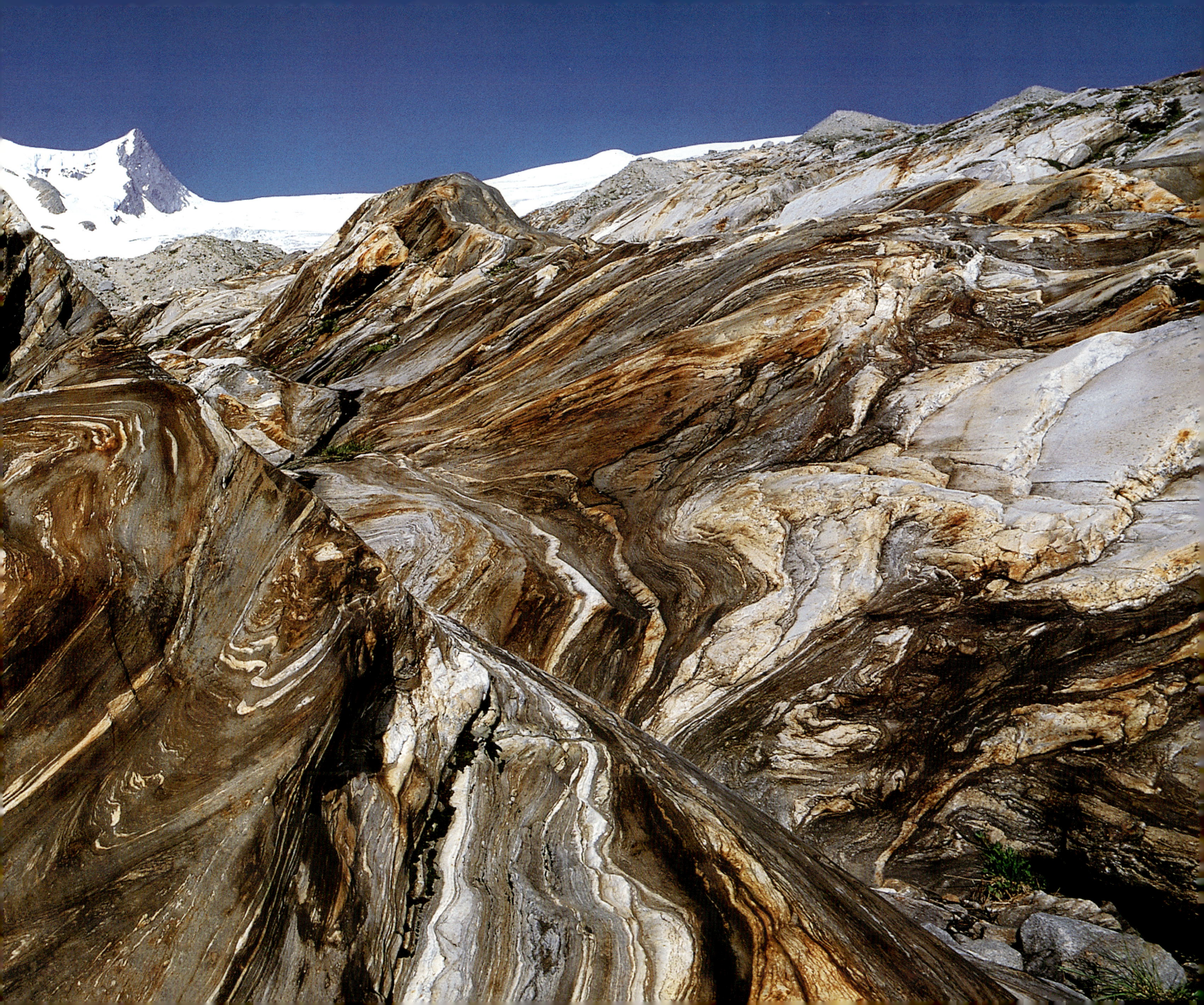

Osttirol

Als „Auge Gottes" wird der malerische Tümpel, aus dessen Mitte sich eine winzige, mit Wollgras bewachsene Insel erhebt, bezeichnet. Der Gletscherlehrweg, der hier vorbeiführt, ermöglicht atemberaubende Ausblicke zum Großvenediger, zum spaltenreichen Schlatenkees und zu den eindrucksvollen Gletscherschliffen in seinem Vorfeld.

Gäbe es einen Schönheitswettbewerb unter den Alpentälern Österreichs, wäre dem Osttiroler Gschlößtal ein Ehrenplatz gewiss. Malerisch windet sich der Gschlößbach durch das Tal, fließt manchmal gemächlich, dann wieder schnell.
Dort, wo sich ihm übergroße, urzeitliche Felsen in den Weg stellen, schäumt er laut. Kühe laben sich an dem kristallklaren Wasser. Sie weiden auf weiten, saftig grünen Almböden, die wunderschön mit dem Farbenmeer der Rostroten Alpenrose an den Berghängen kontrastieren. Unzählige bunte Blumen würzen die Luft mit einem zarten Duft. Dort wo das Tal endet, thront seine Majestät der Großvenediger. Mit einer Höhe von 3.674 Meter ist er einer der mächtigsten Berge Osttirols. Der Schlatenkees, der gewaltigste Gletscher des Landes, schmiegt sich wie eine Kette an seinen Hals. Der Wanderer, der sich nicht scheut, den Weg über eine steile Geländestufe anzutreten, um ihn aus der Nähe zu bewundern, wird mit einem wahrhaft faszinierenden Anblick belohnt. Selbst das sogenannte „Auge Gottes", eine winzige mit Wollgras bewachsene Insel inmitten eines blauschimmernden Tümpels, scheint hinüberzustarren. Der schneebedeckte Gipfel des Großvenedigers scheint zum Greifen nahe. Der Blick rutscht am wild zerklüfteten Eis des Schlatenkees herab, stolpert über tiefe Gletscherspalten und bleibt schließlich an den sehenswerten Gletscherschliffen hängen. Die landschaftsformende Kraft des Eises kann hier sehr gut beobachtet werden. Riesige, geschliffene Felsbuckel liegen da wie gestrandete Wale inmitten eines Gletschermeeres. Manche haben tiefe Schrammen, die vom Eis mitgeführte Steine hinterlassen haben, andere wiederum sind spiegelglatt.
Die glattgeschliffenen Felsplatten werden oft Schauplatz eines ungewöhnlichen Ereignisses. Große Knochen fallen vom Himmel und zerschellen an den harten Felsen. Das Geräusch mischt sich mit einem eigenartigen Knattern. Es stammt von einem zur Landung ansetzenden Bartgeier, dessen Schwungfedern im Aufwind erzittern. Sein massiver Körper landet dank der riesigen Schwingen weich am Fels. Ein gar eitler Vogel scheint er zu sein. Die stark befiederten Beine sehen aus wie eine hübsche Sommerhose, der Bart am Schnabelansatz wirkt gepflegt und die Brustfedern hat er sich rostrot geschminkt. Als ob er mit seinem Äußeren unzufrieden wäre, sucht er regelmäßig eisenoxidhaltige Schlammpfützen auf, um seine Brust darin zu tunken. So erhält das Gefieder erst seine charakteristische Färbung.
Die Nahrung der Bartgeier besteht fast ausschließlich aus den Gebeinen toter Tiere. Jene Knochen, die nicht im Ganzen verschlingbar sind, müssen erst zerkleinert werden. Dazu nehmen sie diese mit ihren kräftigen Fängen auf, erheben sich hoch hinauf in die Lüfte und lassen sie dann gezielt auf

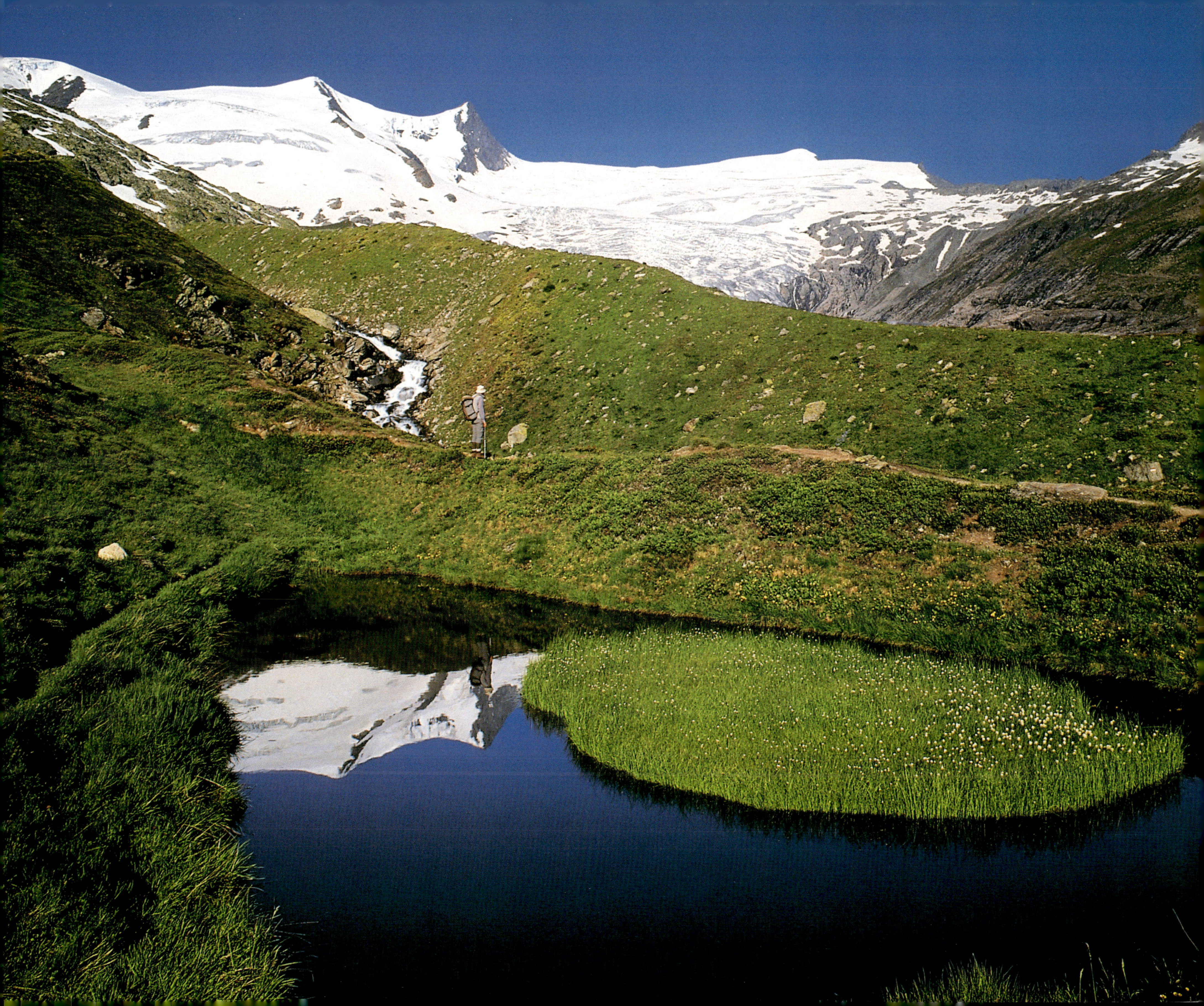

Ein Gletscherlehrweg steigt vom Innergschlöß steil bergan zum flachen Salzboden, in dessen zahlreichen Lacken sich die Schwarze Wand (3511 m), der Großvenediger (3674 m) und das Schlatenkees spiegeln. Das Schlatenkees, Osttirols größter Gletscher, beeindruckt durch seine stark zerfurchte Oberfläche, die außerordentlich breite und tiefe Gletscherspalten aufweist.

einen harten Untergrund fallen. Dann hüpft der Bartgeier über den Fels und lässt Knochenstück um Knochenstück in seinem dehnbaren Schlund verschwinden. Aufgrund der hochkonzentrierten Magensäfte ist er in der Lage, diese zu zersetzen und die in ihm enthaltenen Fette, Proteine und Mineralstoffe für seinen Körper aufzubereiten. Bartgeier waren in den Alpen bereits ausgerottet. Ihr volkstümlicher Name „Lämmergeier" beruht auf dem Irrglauben, sie fallen über Lämmer oder gar Kinder her. Dieser Ruf ist ihnen letztendlich auch zum Verhängnis geworden. An mehreren Stellen des Nationalpark Hohe Tauern wurden Bartgeier aber inzwischen wieder erfolgreich angesiedelt. Es scheint nur eine Frage der Zeit zu sein, bis sich der erste im Nationalpark geborene Bartgeier aus seinem Horst erhebt.

Wenn der Herbst ins Land zieht, liegt oft zäher Nebel träge zwischen den Bergen, und verwehrt den Blick ins Tal. Wie kleine Inseln ragen die Bergspitzen aus dem Nebelmeer. Die hoch gelegenen Hütten im Nationalpark sind Aussichtskanzeln in eine geheimnisvolle Welt. Zahlreiche Bergseen ruhen spiegelglatt, die Luft ist kühl und klar. Ein kraftvolles, dumpfes Röhren ertönt nun immer öfter in der Morgendämmerung, und durchbricht die dicke Nebeldecke. Die Brunftzeit der Hirsche bringt jetzt Unruhe in die Bergwälder. Mit lauten Rufen grenzen sie ihre Territorien ab und präsentieren sich auf den Lichtungen einem weiblichen Publikum. Mitbewerber werden im Brunftrudel nicht geduldet. Kommt ein Konkurrent dem Platzhirsch zu nahe, endet dies meist mit einem wilden Gerangel. Ihre eindrucksvollen, spitzen Geweihe krachen dabei heftig aufeinander, verhaken sich und drücken in den Körper. Zu ernsthaften Verletzungen kommt es dabei selten. Kraft und Geschicklichkeit geben den Ausschlag über Sieg oder Niederlage. Der Verlierer ergreift sofort die Flucht, während der Sieger – einem Hahn gleich – stolziert und dem Unterlegenen noch ein überlautes Röhren hinterherschickt. Leichter Wind kommt auf. Der Nebel lichtet sich, wird in Fetzen fortgetragen. Prächtig gefärbte Lärchen leuchten nun wie brennende Fackeln zwischen grauweißen Nebelresten hervor. Schon bald färben sie, als ganze Wälder sichtbar, die Berghänge goldgelb. Über 500 Jahre stehen manche Lärchen bereits. Ihre greisen Äste sind knorrig und dicht mit Bartflechten behangen. Doch das lichte Kronendach der Lärchenwälder ermöglicht einen artenreichen Unterwuchs. Junge Bäume sprießen vielerorts aus dem dicht bemoosten Waldboden, auf dem morsche Baumstämme, längst umgefallen, weich liegen. Sie bieten einer Fülle von Lebewesen neuen Lebensraum. Bakterien und Mikroorganismen bereiten ihr Holz als Nährboden für Jungpflanzen auf, Pilze haben sich an sie geheftet und zehren von ihren Mineralstoffen. Durch ihre vielfältige Lebensweise sind Pilze unverzichtbarer Bestandteil von Waldökosystemen. Sie zersetzen totes organisches Material und bereiten dessen Nährstoffe für andere Waldbewohner auf.

Wenn die Sonne hinter den Bergen versinkt, dämmert es im Wald. Ein Specht hüpft hektisch an einem Baumstamm entlang, um noch schnell ein paar Larven holzbewohnender Insekten zu erbeuten. Der melodische Gesang zahlloser Singvögel, der den Forst tagsüber mit Leben erfüllt hat, verstummt langsam. Rhythmische, dumpfe Rufe schallen nun durch den Wald. Eine Waldohreule sitzt gut getarnt in einer Astgabel und grenzt ihr Revier mit akustischen Lauten ab. Ihr großer, runder Kopf

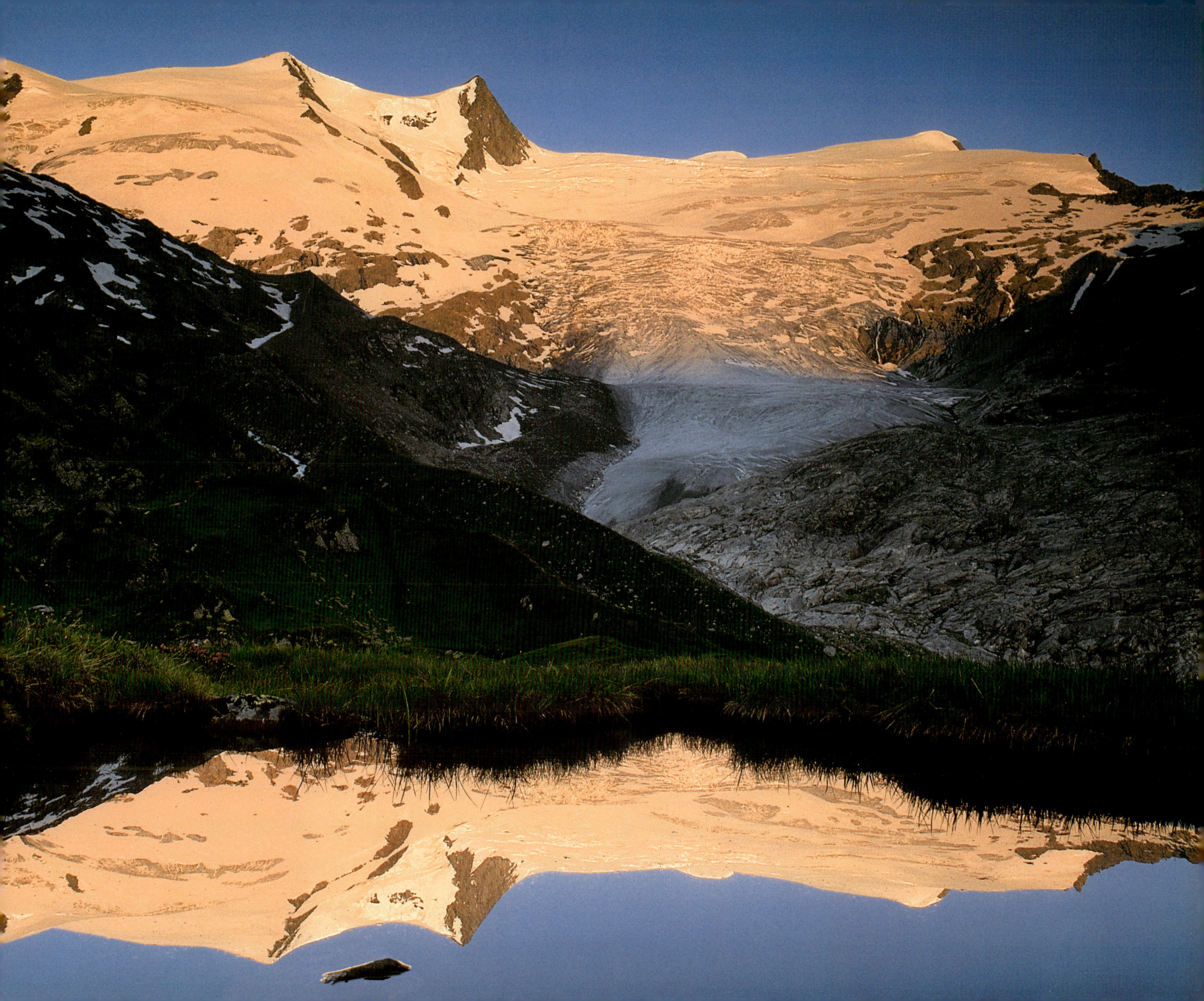

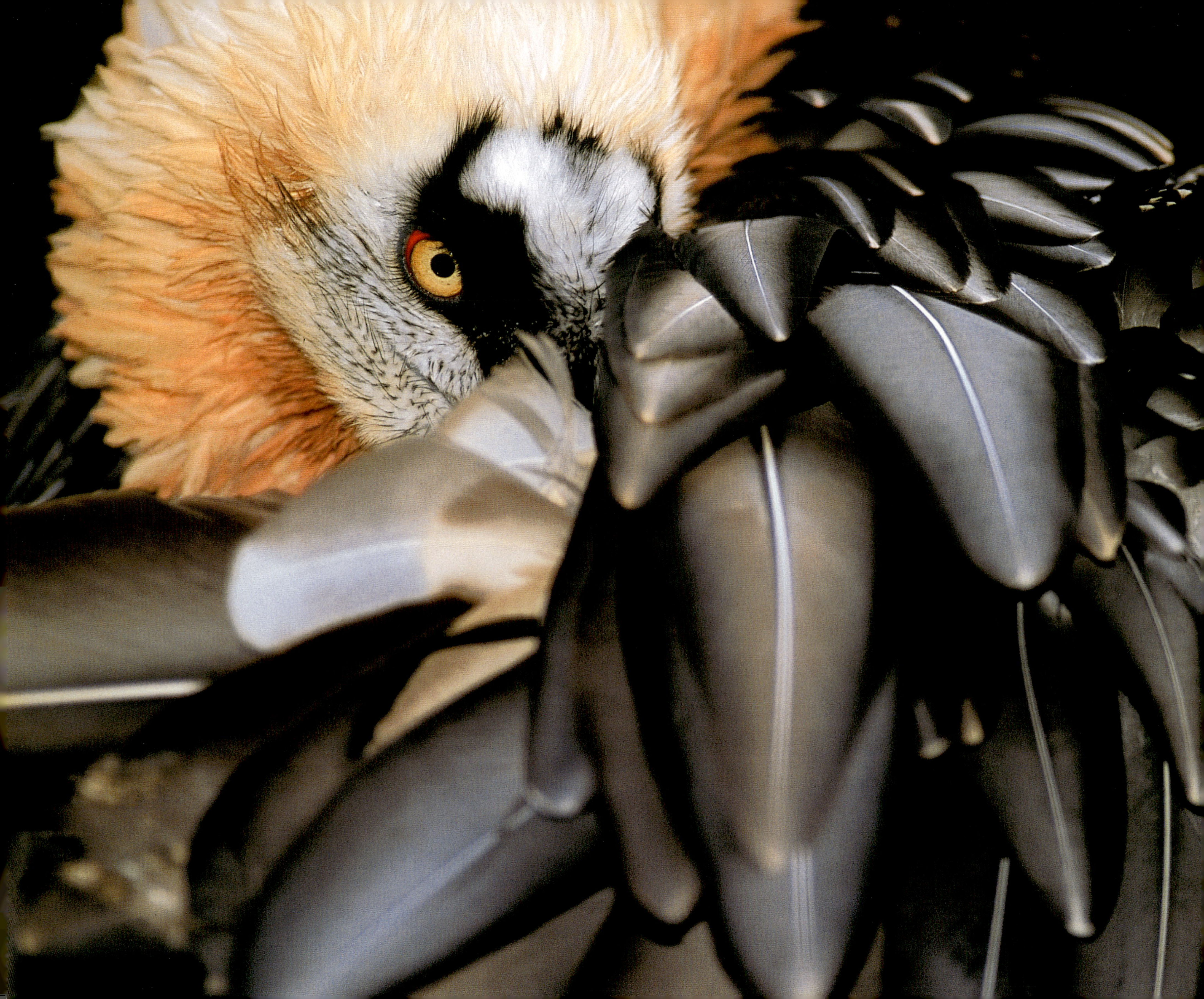

dreht sich um die eigene Achse, das markante Gesicht mit den zwei großen, nach vorne gerichteten Augen, wirkt konzentriert. Ihrem scharfen Sehsinn entgeht nichts und ihr empfindliches Gehör vermag jedes noch so kleine Geräusch exakt zu orten. Nicht weit entfernt hat ein Uhu Beute gemacht. Die Ähnlichkeit dieser Eulenarten ist offensichtlich, ihr Größenunterschied unübersehbar. Die Waldohreule verfolgt das Treiben mit weit aufgerissenen Augen. Sie muss sich vorsehen, denn Uhus betrachten ihre Art bisweilen auch als Beute. Der Uhu hat sein Mahl beendet. Nahezu lautlos erhebt er seinen massigen Körper vom Boden, fliegt zurück zu seinem Ruheplatz, um von dort erneut nach Fressbarem Ausschau zu halten. Der extrem geräuscharme Flug der Eulen wird durch den speziellen Bau ihrer Federn ermöglicht. Fransenartige Verlängerungen an den Federfahnen und eine aufgeraute Oberfläche dämpfen Fluggeräusche wirksam. Dies hilft ihnen bei der Jagd auf hellhörige, nachtaktive Tiere und verhindert Eigengeräusche, die ihre Wahrnehmungsfähigkeit beeinflussen würden.

Plötzlich raschelt es im Unterholz. Eine große, gefleckte Katze huscht durch den Wald. Der Uhu hat sie sofort geortet, starrt zu ihr hinab und mustert sie mit großen Augen. Die spitzen Ohren tragen lange, pinselartige Haarbüschel, die ihren eigenen, steil aufgerichteten Federohren ähneln. Der kräftige Körper ist von einem hübschen, gefleckten Fell umhüllt, während der Stummelschwanz so ganz und gar nicht zu seiner langbeinigen, eleganten Statur passt. Der Luchs ist ein scheuer Einzelgänger, der mit scharfen Sinnen ausgestattet in der Dämmerung auf Beutezug geht. Lautlos streift er durch sein riesiges Revier, schleicht sich in typischer Katzenmanier an, um sich dann blitzschnell auf das Opfer zu stürzen. Das überrumpelte Tier wird an der Kehle gepackt und mit einem kräftigen Biss getötet. Säugetiere bis zur Größe von jungem Rotwild, vorwiegend aber kranke und verletzte Tiere, bilden sein Beutespektrum. Damit übernehmen Luchse auch eine wichtige gesundheitsregulierende Funktion im Wald.

Wenn der Wind im Spätherbst die Äste der Lärchen schüttelt, regnet es unzählige Nadeln. Diese überziehen den Waldboden wie ein goldgelber Teppich, während bereits erster Schnee wie Puderzucker die Berggipfel bedeckt. Der nahende Winter kümmert die Luchse wenig. Ihr dicker, flauschiger Pelz schützt sie selbst vor tiefsten Temperaturen und ihre breiten, dicht behaarten Pfoten tragen sie warm über die Schneedecke. Im Spätwinter, während der Paarungszeit bei den Luchsen, bilden die Einzelgänger kurze Gemeinschaften. Nach zwölf Wochen Tragzeit wirft das Weibchen zumeist zwei Jungtiere. Junge Luchse haben einen stark ausgeprägten Spieltrieb. Nur Hunger und Müdigkeit können ihrem grenzenlosen Drang, Neues zu erforschen, Einhalt gebieten.

Der namensgebende Büschel schwarzer Borstenfedern am Schnabelansatz, die rotumrandeten Augen und das prächtige Gefieder machen den Bartgeier zu einem der attraktivsten Greifvogelarten im Nationalpark Hohe Tauern. Die rostrote Färbung des Brustgefieders ist einerseits auf seine Brutreife, andererseits aber auch auf die regelmäßigen Bäder in eisenoxidhaltigen Schlammpfützen zurückzuführen.

Das Gefieder der junger Bartgeier ist zunächst schwarzbraun. Erst zwischen dem fünften und siebenten Lebensjahr bilden sie ihr Erwachsenengefieder aus. Mit einer Flügelspannweite von nahezu drei Metern gehören Bartgeier zu den größten flugfähigen Vögeln der Erde. Das im Verhältnis zu ihrer Körpergröße geringe Gewicht von fünf bis sieben Kilogramm macht sie zu einem sehr guten Segelflieger.

Kraftvoll und tosend ergießen sich die Umbalfälle im hinteren Virgental über zahllose Geländestufen. Das Wasser des Gletscherbaches, das sich hier seit Jahrtausenden ins Gestein frisst, hat eine tiefe Schlucht hinterlassen, deren Felswände, bedingt durch die hohe Luftfeuchtigkeit, üppiger Pflanzenschmuck ziert. Der Gletscherbach der Oberen Isel entspringt am Umbalkees, vereint sich mit zahlreichen kleineren Bächen, und schießt schließlich mit geballter Kraft durch die Schlucht. Ein Wasserschaupfad ermöglicht herrliche Ausblicke auf die stürzenden Wassermassen und informiert an zahlreichen Haltepunkten über die formenbildenden Kräfte des Wassers und der eiszeitlichen Gletscher, die Tiefenerosion, die Besonderheiten eines Gletscherbaches sowie über die reichhaltige Tier- und Pflanzenwelt der Schlucht. Der Wasserschaupfad Umbalfälle wurde bereits 1976 errichtet und war damit der erste dieser Art in Europa.

Die obere Isel ist ein typischer Gletscherbach, dessen beträchtliche Wasserstandsschwankung von Temperatur, Witterung, Jahreszeit und Tageszeit bestimmt wird. Während die Wasserfälle am Vormittag an manchen Stellen noch leise dahinplätschern, können sie bis zum Spätnachmittag zum tosenden Naturschauspiel erwachsen.

Die Schlucht, durch welche sich die Umbalfälle zwängen, weist interessante Kolke und Strudellöcher auf. Diese Erosionsformen entstehen durch Geröll, das der reißende Gletscherbach mitführt. An Hindernissen im Flussbett entstehen Wirbel, die es in Rotation versetzen. Unentwegt schleift nun das Geröll am weicheren Untergrund, bis letztendlich diese Aushöhlungen entstehen.

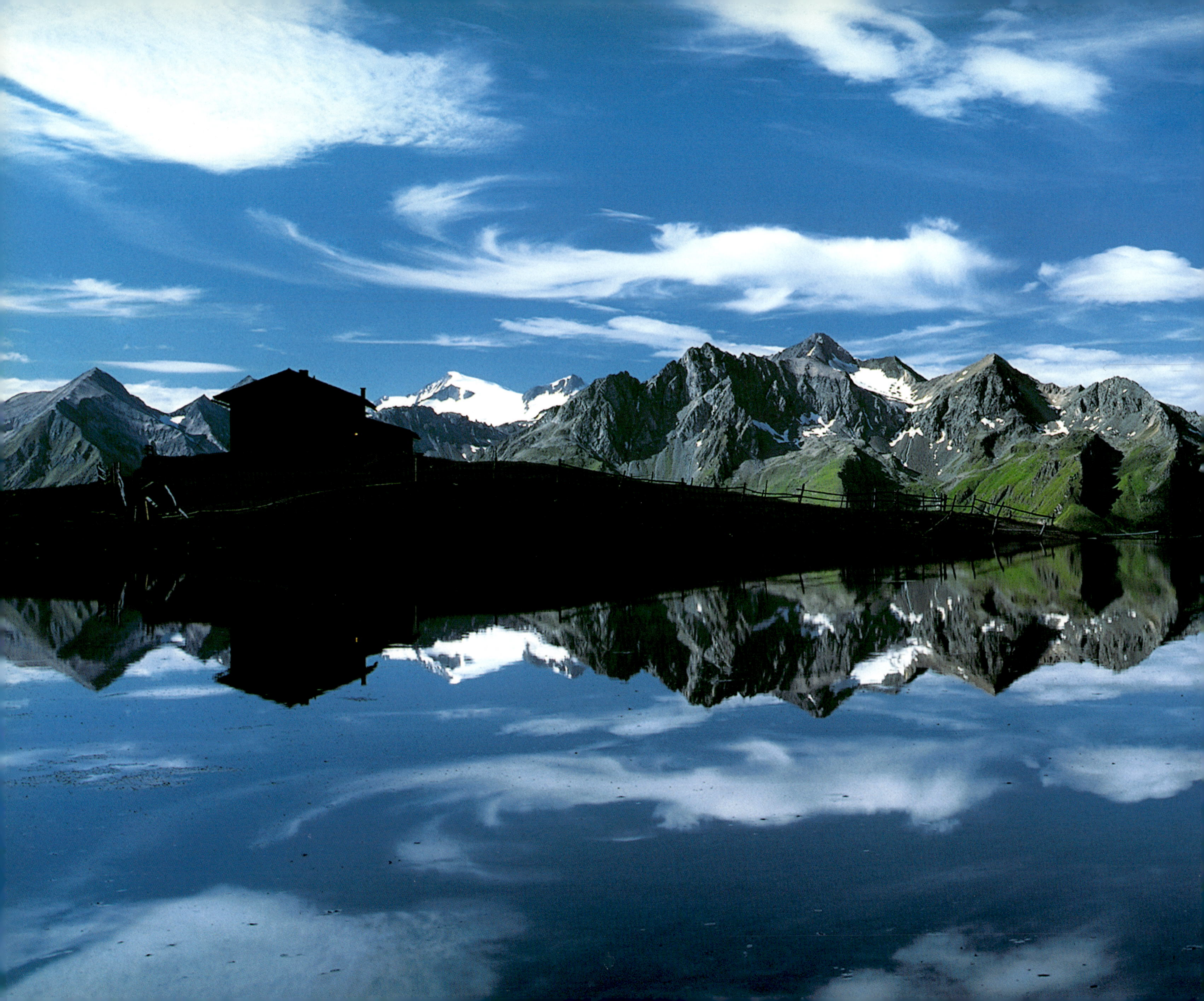

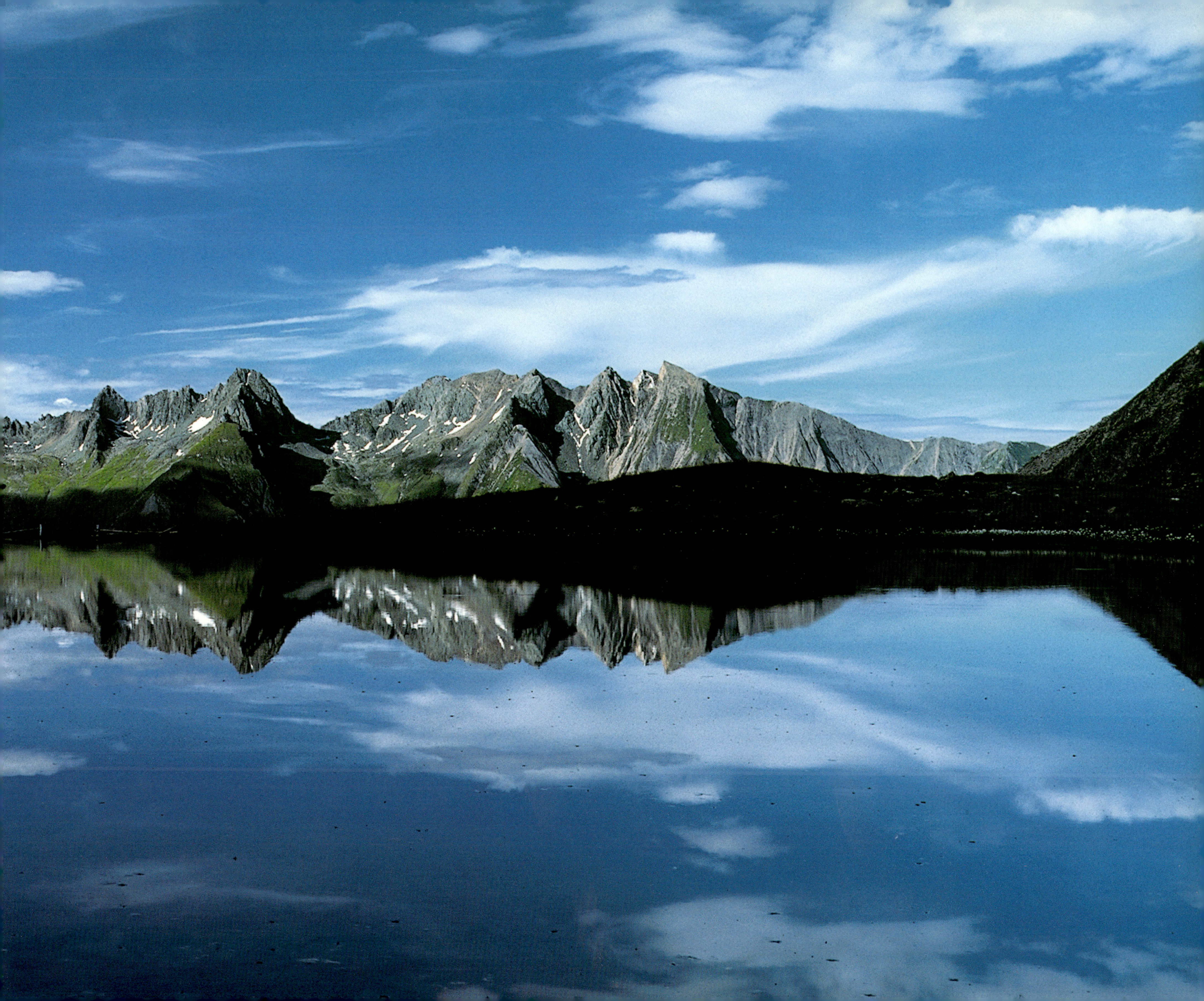

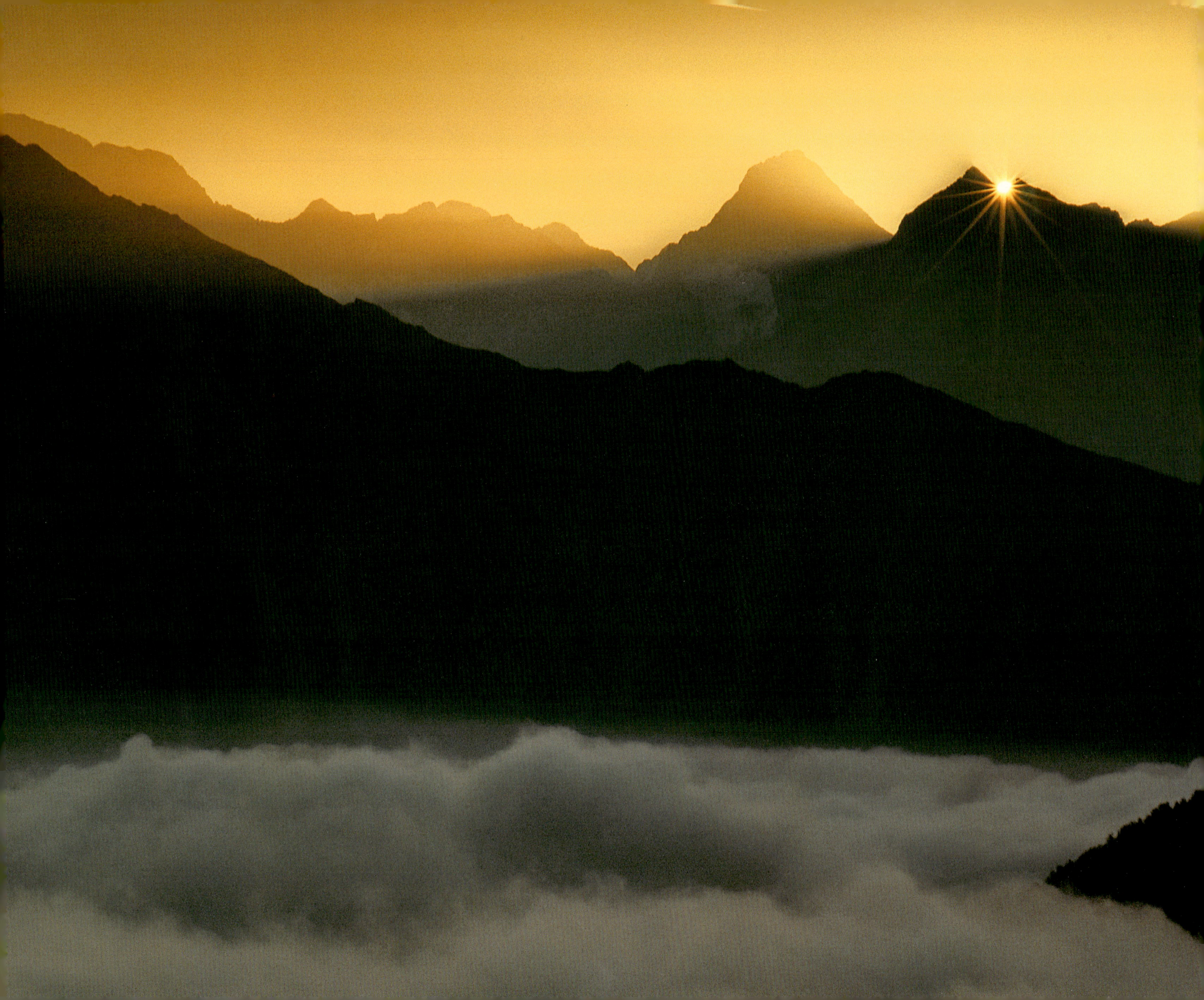

Vorhergehende Doppelseite:
Die Berge der Virgener Nordkette und der schneebedeckte Gipfel des Großvenedigers (3674 m) spiegeln sich im glatten Wasser des Zupalsees, einem kleinen Bergsee, dessen Verlandungszonen reichlich mit Wollgras bewachsen sind. Während sich im Herbst das Wetter oben in den Bergen von seiner schönsten Seite zeigt, versinken die Täler oft unter einer dicken Nebeldecke. Bei Wanderern ist diese Jahreszeit sehr beliebt, begünstigt die kühle und klare Luft doch eine hervorragende Fernsicht.

Wenn sich der Herbst nähert, beginnt die Brunftzeit der Hirsche. Von September bis Mitte Oktober erscheinen die Hirsche bereits in der Morgendämmerung auf den Lichtungen der Bergwälder und werben mit einem kraftvollen, weithin hörbaren Röhren um die Gunst der Weibchen. Ein brunftiger Hirsch scharrt zahlreiche Weibchen um sich und verteidigt sein Rudel mit größter Vehemenz. Konkurrenten werden nicht geduldet und mit spektakulären Zweikämpfen abgewehrt. Dabei lassen die Hirsche ihre mächtigen Geweihe, unterstützt von der immensen Kraft ihres bis zu 200 Kilogramm schweren Körpers, aufeinander krachen.

Der Luchs ist die einzige europäische Großkatze. Als Einzelgängerin lebt sie in sehr großen Revieren, die sie vor allem in der Dämmerung durchstreift. Ihre Jagdtaktik beruht auf dem Überraschen der Beute, die aus Kleinsäugern, Rehwild und jungem Rotwild besteht. Der Luchs pirscht sich lautlos an, fällt blitzschnell über das Beutetier her, packt es mit seinen scharfen Krallen und tötet es mit einem gezielten Biss in die Kehle.

Das Hirschkalb ist in der Lage, seiner Mutter bereits wenige Stunden nach der Geburt zu folgen. Allerdings bleibt es die ersten zwei Lebenswochen versteckt im Wald zurück, während seine Mutter auf Nahrungssuche geht. Etwa acht Monate lang wird das Kalb gesäugt. Junges Rotwild muss sich im Wald vorsehen, denn Luchse können ihnen gefährlich werden.

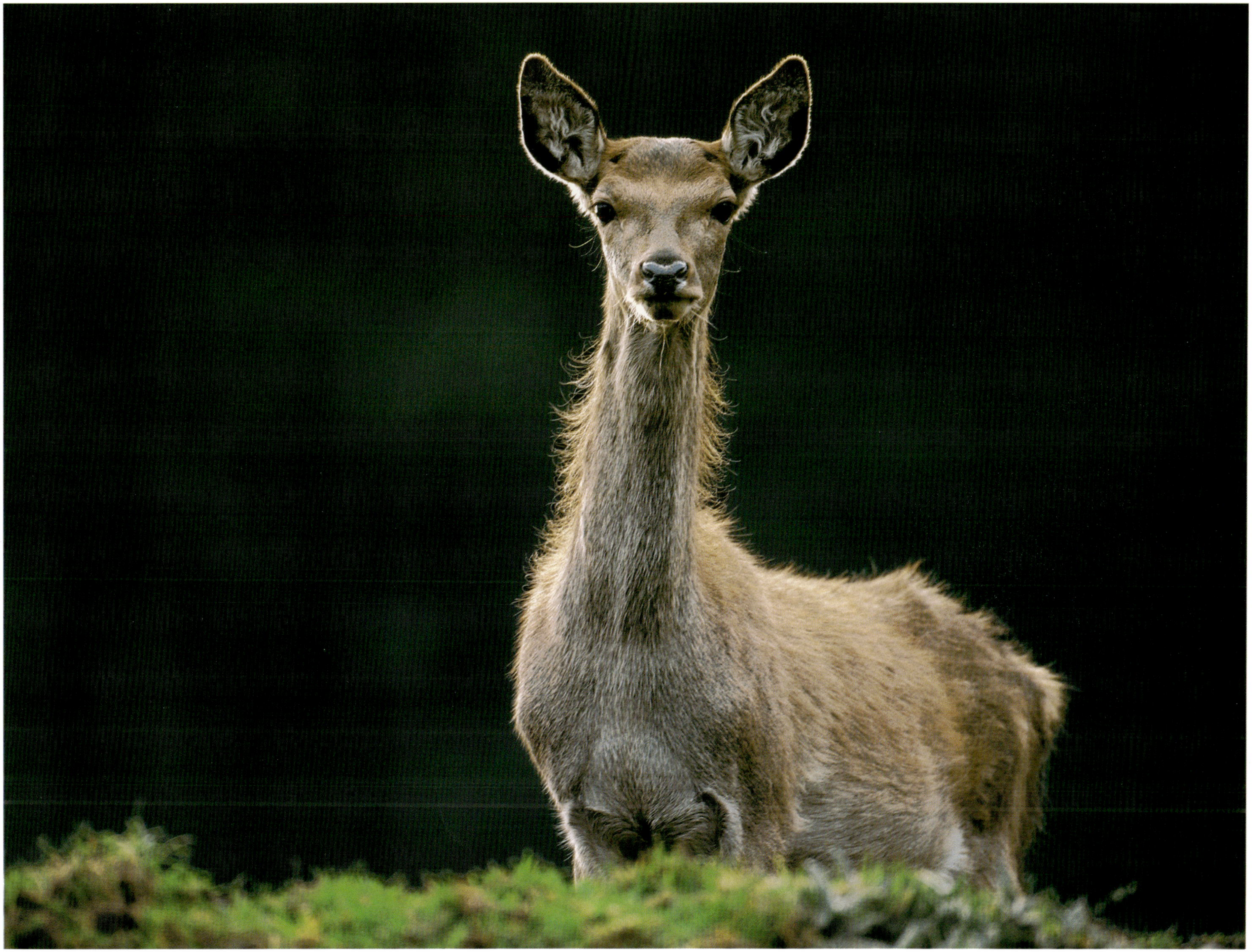

Zwischen Februar und März ist bei den Luchsen Paarungszeit. Dann ziehen die Männchen weit umher und rufen mit einem lauten Miauen oder Heulen nach einem Weibchen. Etwa 70 Tage nach der Paarung, zwischen Ende Mai und Anfang Juni, bringt die Luchsin in einem gut geschützten Versteck meist zwei oder drei, manchmal auch vier Jungtiere zur Welt, die sie überaus fürsorglich betreut. Ein neugeborener Luchs wiegt nur 250 bis 300 g und ist noch blind. Erst nach zwölf Tagen öffnen sich die Augen. In den ersten Lebenswochen wird der Nachwuchs von der Mutter gesäugt, bis er ihr zu der erlegten Beute folgen kann. Wird die Höhle der Jungen entdeckt, packt sie die Mutter am Nacken und bringt sie in ein neues Versteck. Junge Luchse bleiben etwa ein Jahr bei der Mutter und wandern dann ab, um sich ein eigenes Revier zu suchen.

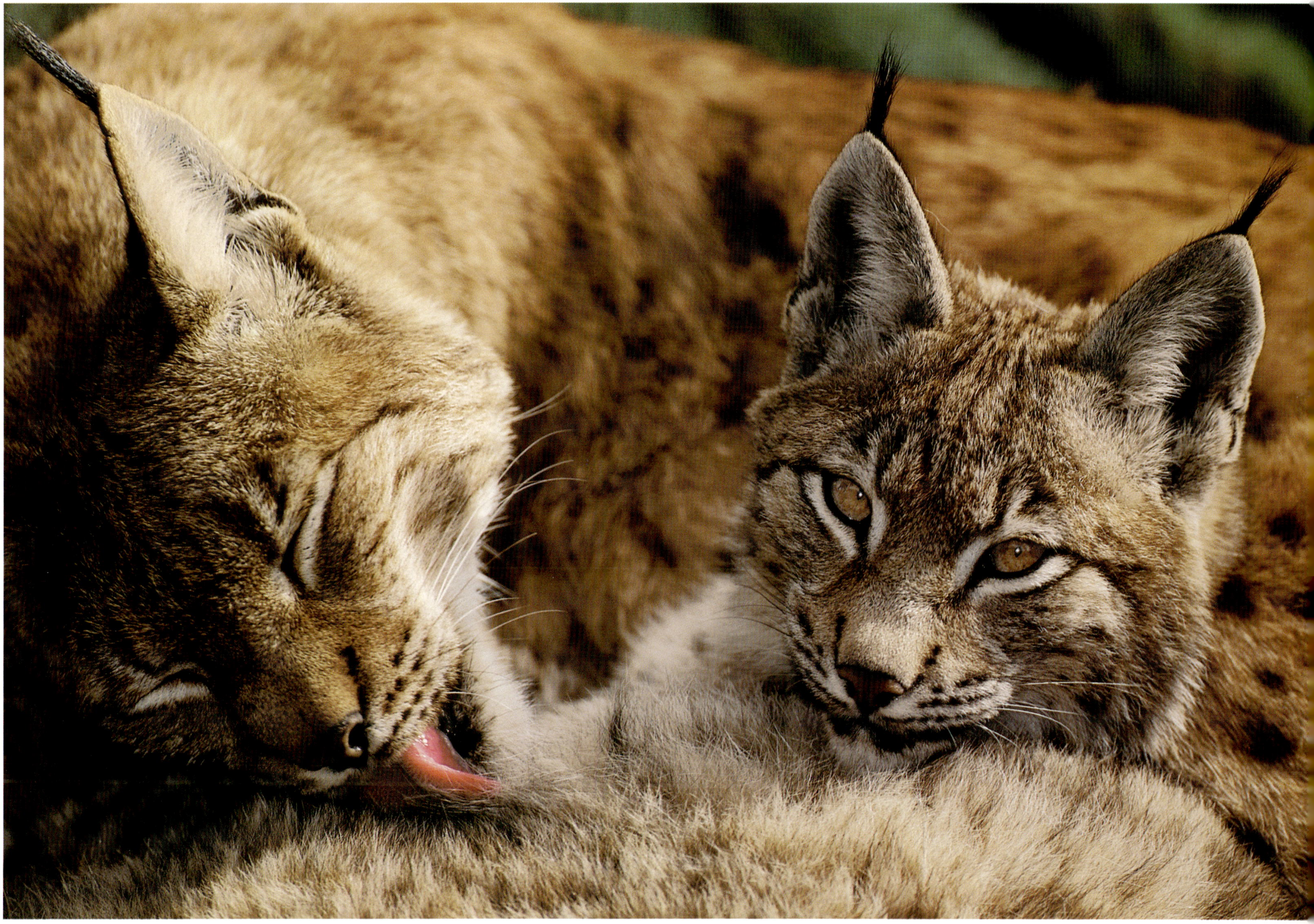

Nahe der Waldgrenze lichtet sich der Lärchen-Fichten-Wald zusehends und geht in etwa 2100 Meter Seehöhe in einen Zwergstrauchgürtel mit Latsche, Heidelbeere, Zwergwacholder und Alpenrose über. Im Herbst, wenn sich die Lärchen goldgelb und die Blätter der Zwergsträucher rot verfärben, gleichen die Berghänge einem bunten Farbenmeer.

Einst war der Luchs in ganz Mitteleuropa heimisch, wurde dann aber bis zur Mitte des 19. Jahrhunderts ausgerottet. Durch Ansiedelung und Einwanderung aus benachbarten Regionen streift der Luchs mittlerweile aber wieder vereinzelt in den Hohen Tauern umher. Luchse lieben Wälder. Dort sind sie mit ihrem getupften Fell zwischen den Blättern und Ästen derart gut getarnt, dass man den extrem scheuen Waldbewohner so gut wie nie zu Gesicht bekommt. Meist deuten nur Überreste von Beutetieren auf seine Anwesenheit hin.

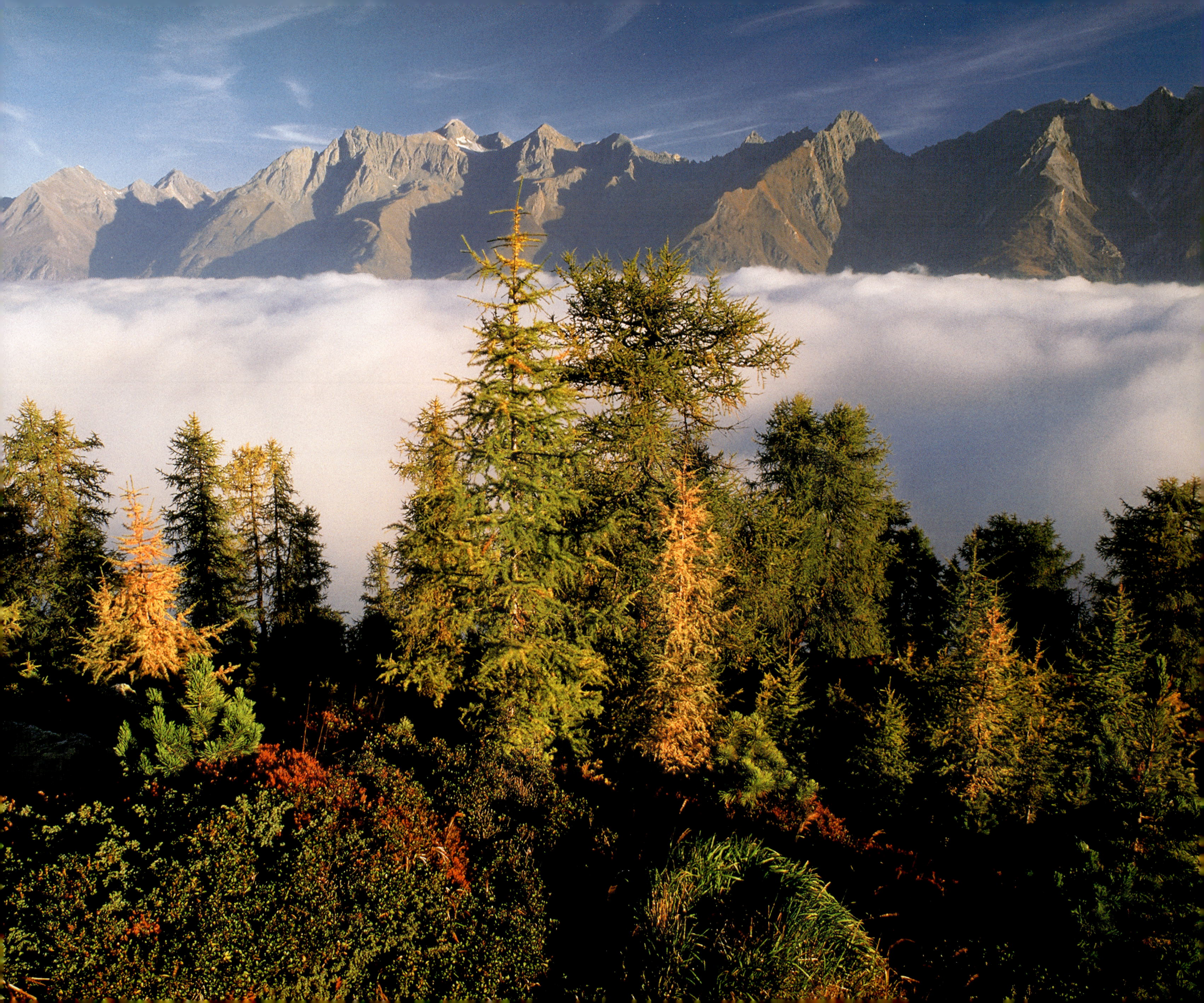

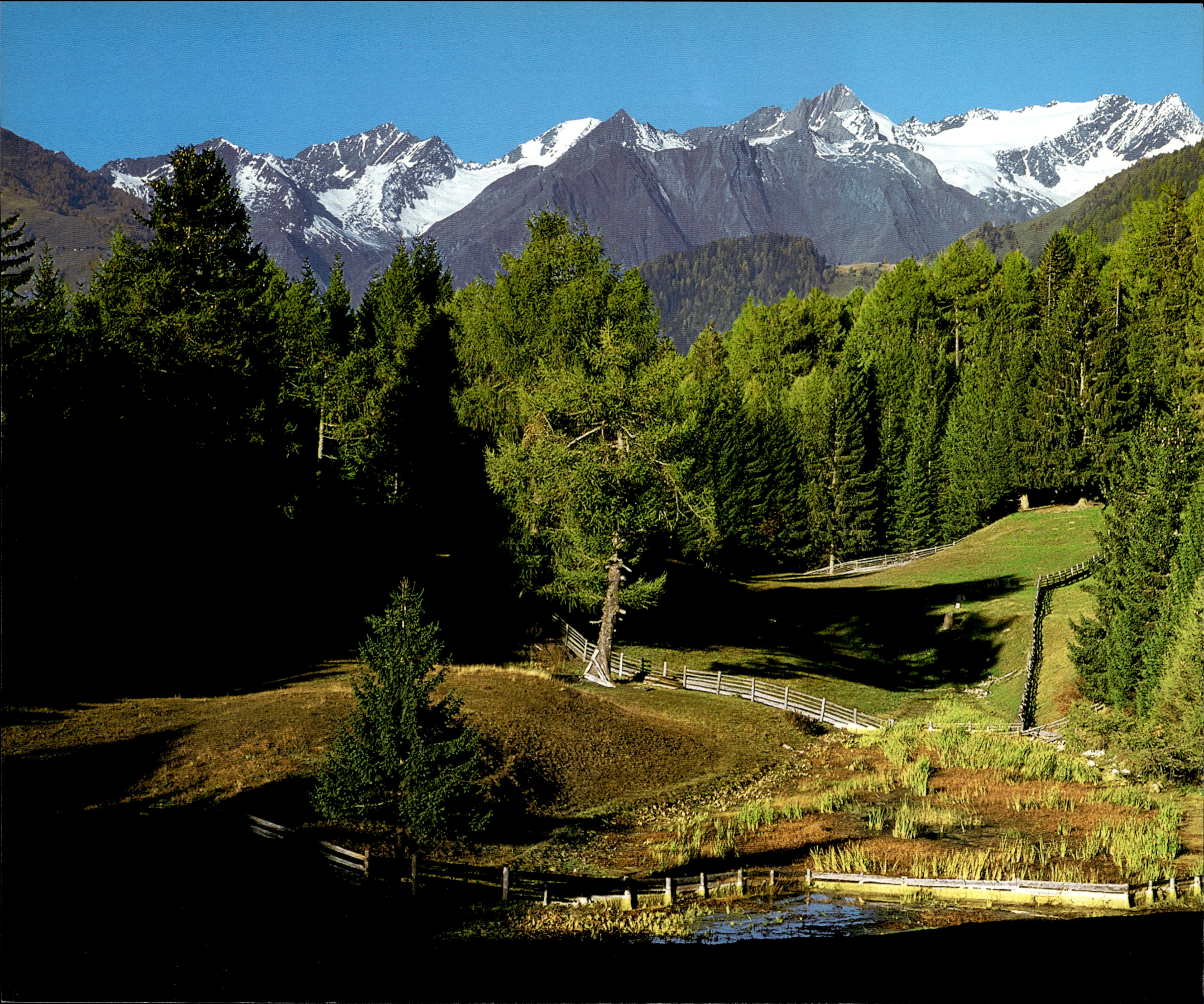

Das Zedlacher Paradies oberhalb von Matrei besitzt einen der ältesten und schönsten Lärchenbestände der Ostalpen. Seit Jahrhunderten pflegen Bauern den Wald zur Schaffung von Weideflächen. Fichten wurden regelmäßig aus dem Wald entfernt, während die Lärchen als Schattenspender für das Vieh bleiben durften. Dadurch erst entstanden aus dem ursprünglichen Lärchen-Fichten-Wald die einzigartigen Lärchenwiesen. In kleinen Senken sammelt sich Regenwasser und lässt kleine Feuchtbiotope mit reichem Pflanzenbewuchs und einer vielfältigen Tierwelt entstehen. In heißen, regenarmen Sommern können diese Tümpel, die ein bedeutsamer Laichplatz für verschiedene Amphibien sind, gänzlich austrocknen.

Osttirol

Entsprechend der Bandbreite seiner Beutetiere sind auch die Jagdtechniken des Uhus sehr vielfältig. Das Repertoire reicht dabei von der Jagd von Ansitzwarten, etwa auf Mäuse, über einen flachen Pirschflug bis zum raschen Sprint zu Fuß, wenn es gilt, Reptilien oder Kleinsäuger einzuholen. Im Flug selbst erweist sich der Uhu als überraschend agiler und reaktionsschneller Jäger, der selbst Fledermäuse und Tauben erlegt. Sogar kleinere Greifvögel und Eulen stehen auf seinem Speiseplan.

Die Waldohreule ähnelt in vielerlei Hinsicht dem Uhu, ist jedoch nur halb so groß und bringt es gerade mal auf ein Zehntel seines Körpergewichtes. Es verwundert daher nicht, dass sie dem Uhu bisweilen auch zum Opfer fallen. Waldohreulen besitzen leuchtend orange Augen und lange Federbüschel an den Ohren, die sie im Flug oder im Ruhezustand auch anlegen können. Aufgrund ihrer Vorliebe für Feldmäuse bevorzugen sie offene Gebiete mit Hecken, Waldrändern und lichten Waldstücken.

Osttirol

Ein Blick in den Zedlacher Lärchenwald lässt eher an einen Urwald als an eine von Menschenhand gepflegte Kulturlandschaft denken. Bis zu 500 Jahre alte, knorrige Baumriesen mit einem Stammumfang von über sechs Metern wachsen zwischen jüngeren, dicht mit Bartflechten behangenen Lärchenbäumen. Auf alten Baumstümpfen und in Astlöchern umgestürzter Bäume wachsen junge Bäume, die mit Flechten und Moosen um die verfügbaren Nährstoffe konkurrieren.

Die Lärche ist eine Lichtbaumart. Einzelne Bäume können weit voneinander stehen. Dadurch fällt genügend Licht durch die Baumkronen, sodass der Waldboden von einer üppigen Vegetation bedeckt ist. Die Lärche ist im Vergleich zur Fichte allerdings sehr konkurrenzschwach, sodass der Jungwuchs regelmäßig entfernt werden muss, damit sie nicht verdrängt wird.

Schätzungen zufolge existieren etwa 2500 Pilzarten im Nationalpark Hohe Tauern. Die Palette reicht dabei von winzigen Spaltpilzen und hauchdünnen Schichtpilzen über leuchtend gefärbte Becherlinge, kompakte Baumpilze und korallenartige Gebilde bis hin zu den als Speisepilz beliebten Röhrlingen. Der besonders prächtig gefärbte Fliegenpilz ist giftig und kann bei Genuss zu Rauschzuständen und sogar bis zum Tod führen. Der Glaube, der Name Fliegenpilz käme von der Wirkung als Fliegengift, ist falsch. Früher hat man Hutstücke in Milch gekocht und als Gift gegen Fliegen ausgelegt. Die Fliege fällt jedoch nur in einen scheintoten Zustand und fliegt nach kurzer Zeit munter weiter.

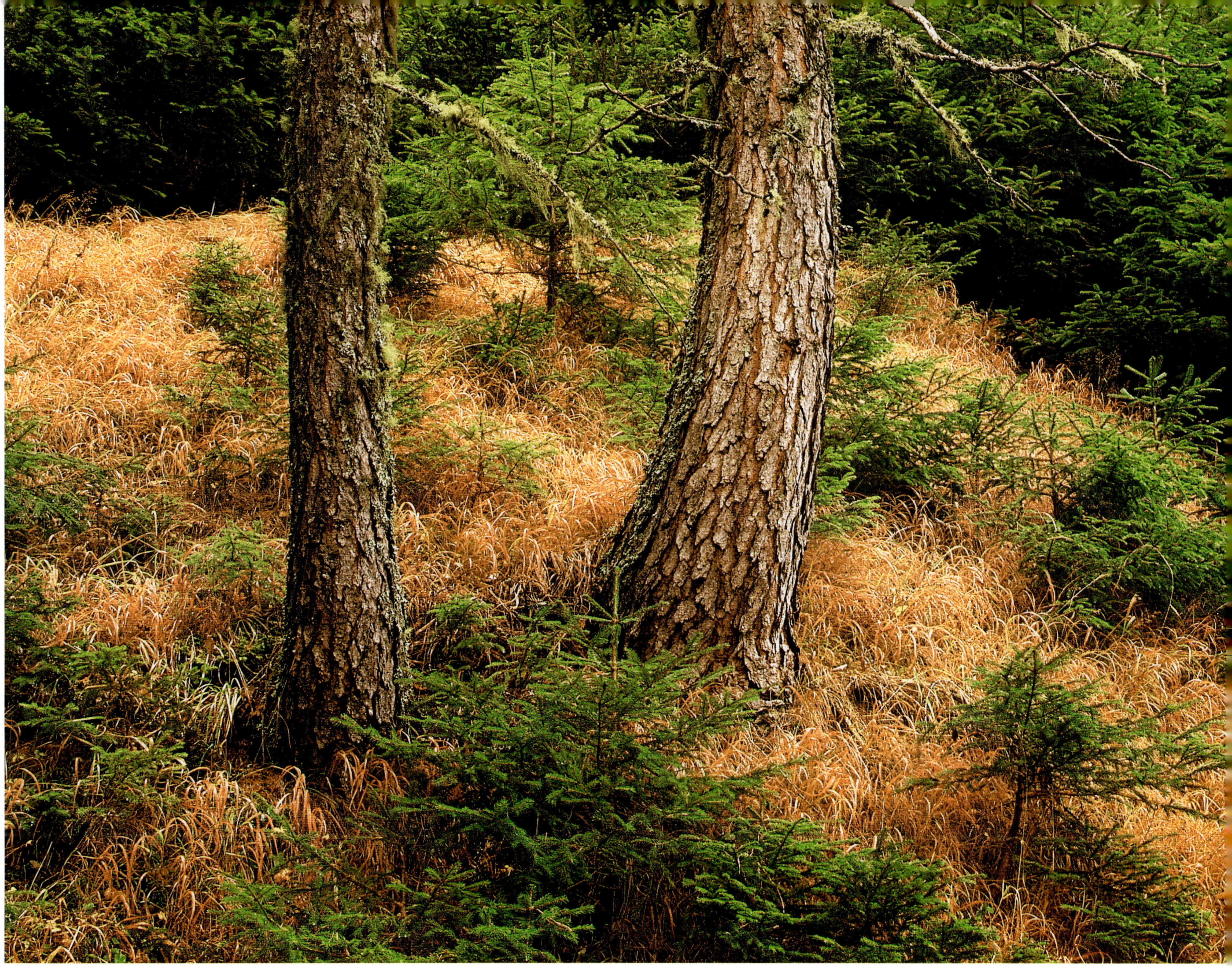

Die Silhouette eines Heustadels im Virgental vor der gewaltigen Kulisse schneebedeckter Gipfel symbolisiert die enge Verzahnung uralter, von Bauern geformter Kulturlandschaften mit den ungestörten hochalpinen Bereichen der Kernzone des Nationalpark Hohe Tauern.

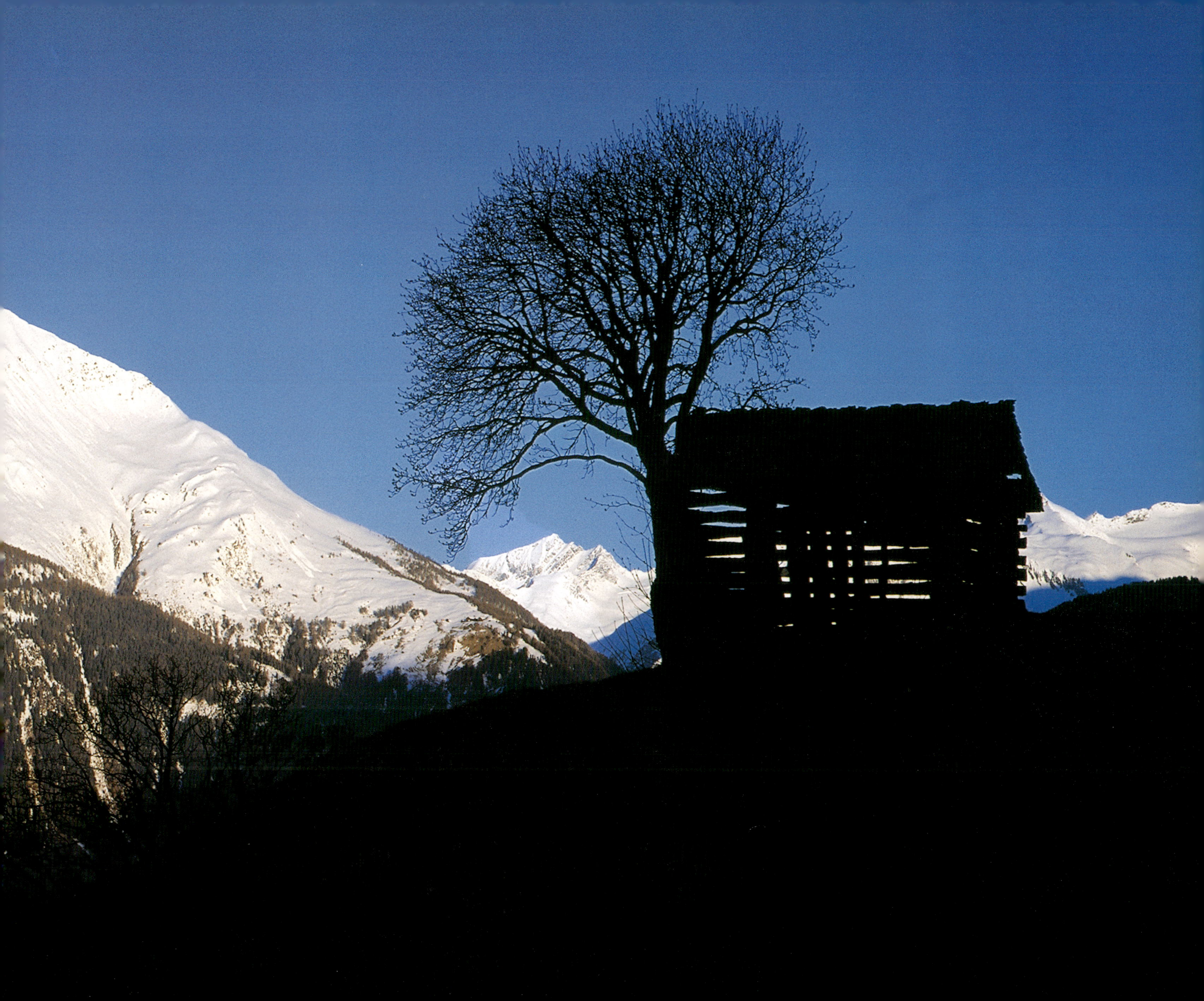

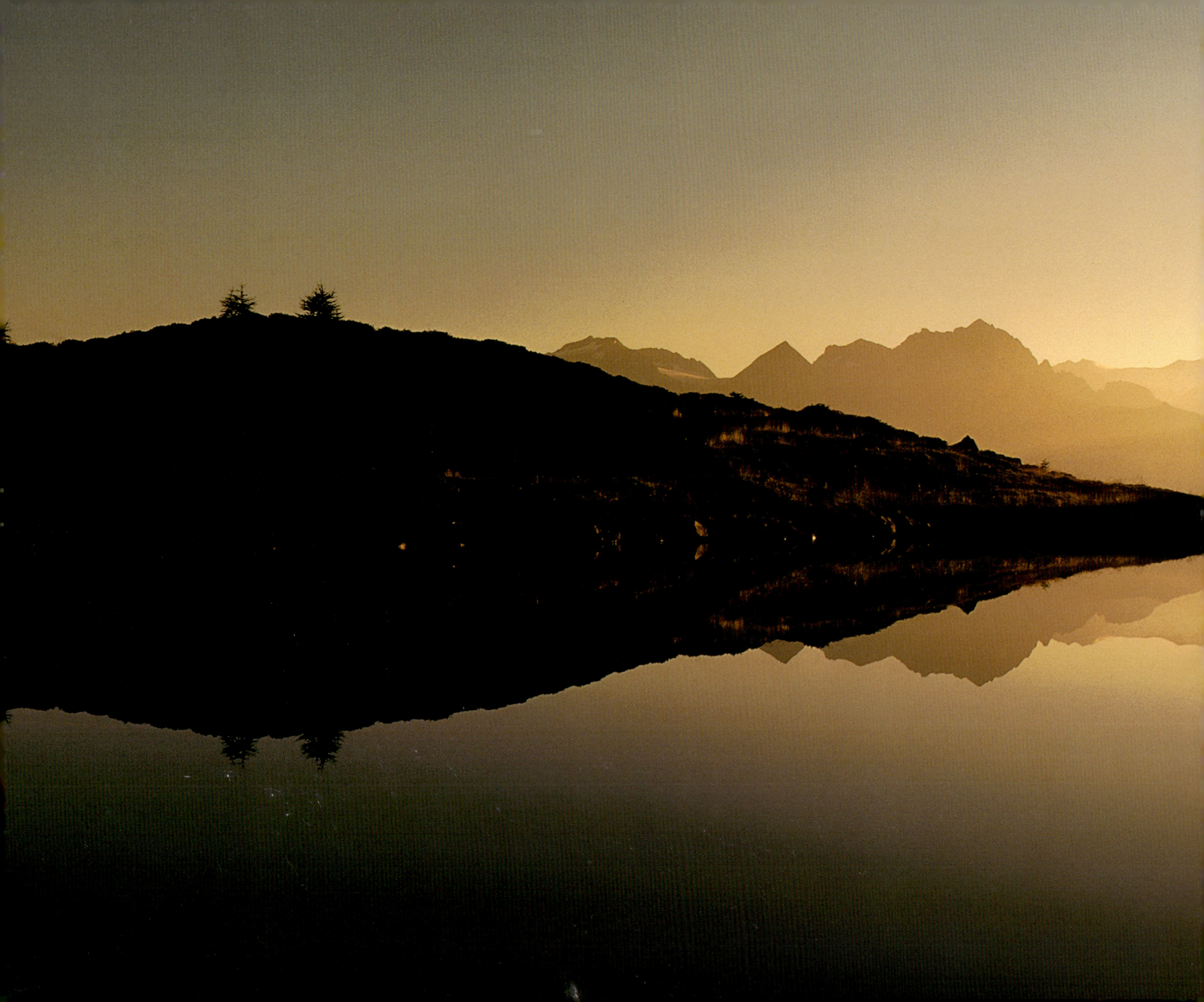

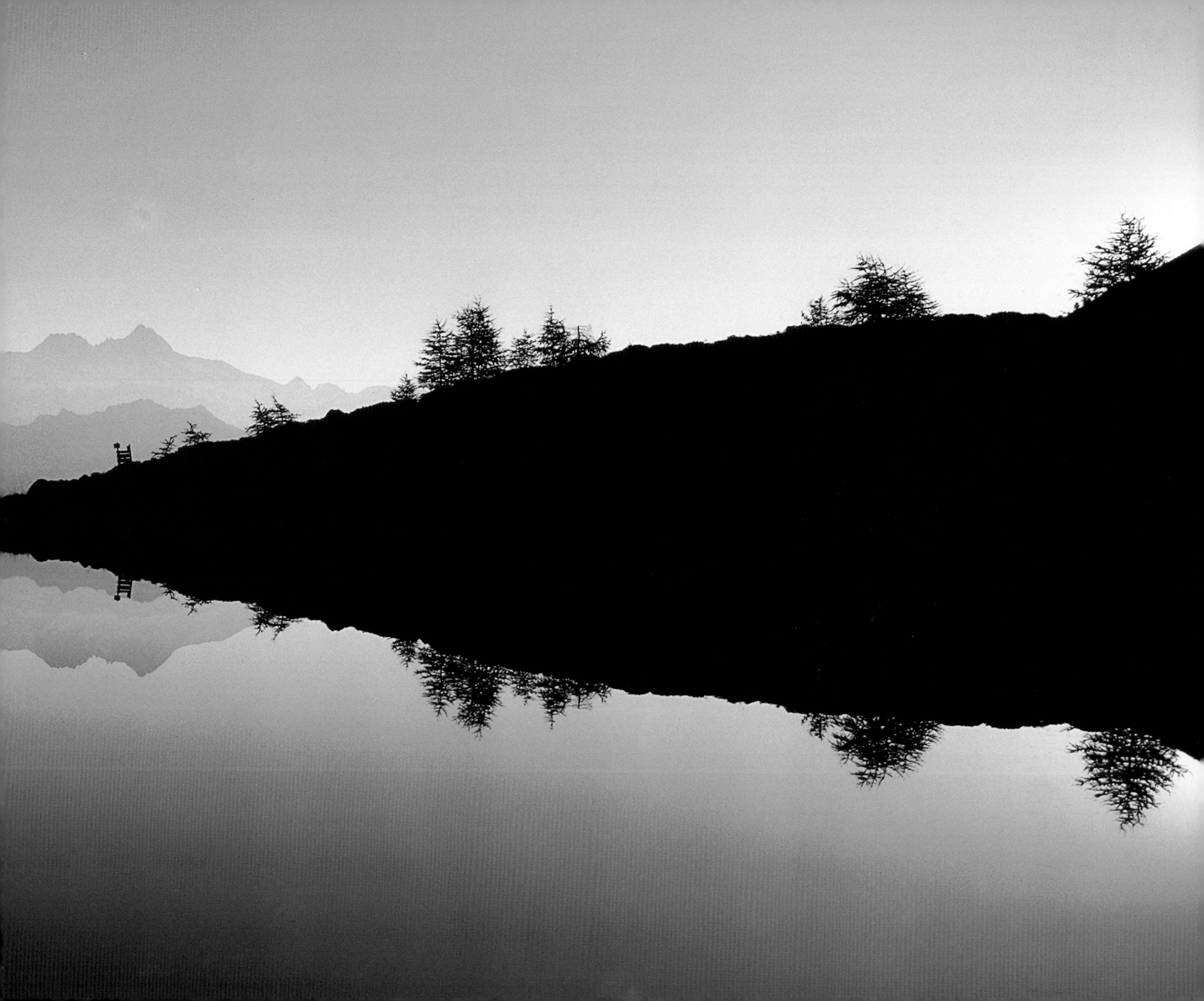

Im Gegensatz zu anderen Nadelbäumen wirft die Lärche im Herbst ihre Nadeln ab. Dadurch vermeidet sie Frostschäden. Im folgenden Frühjahr hat sie jedoch den Nachteil, dass sie erst neue Nadeln bilden muss, um Photosynthese betreiben zu können. Daher bevorzugt die Lärche sonnige Standorte, die eine höhere Produktionsrate ermöglichen. Die verrottenden Lärchennadeln tragen zudem zur Verbesserung der Bodenqualität bei.

Pilze gedeihen in unvorstellbarer Arten- und Formenvielfalt. Da sie selbst keine Aufbaustoffe produzieren können, sind sie auf organische Substanzen ihrer Umgebung angewiesen. Abgestorbene Pflanzen oder Tiere, aber auch lebende Bäume dienen ihnen als Standort. Durch ihre Fähigkeit, totes organisches Material zu zersetzen, sorgen sie gemeinsam mit winzigen Bodentieren und Bakterien dafür, dass Nährstoffe in eine Form gebracht werden, die für grüne Pflanzen verwertbar sind. Der eigentliche Pilz ist ein im Substrat verborgenes Pilzfadengeflecht. Für den Menschen wird er erst durch seinen auffallenden Fruchtkörper sichtbar.

Osttirol

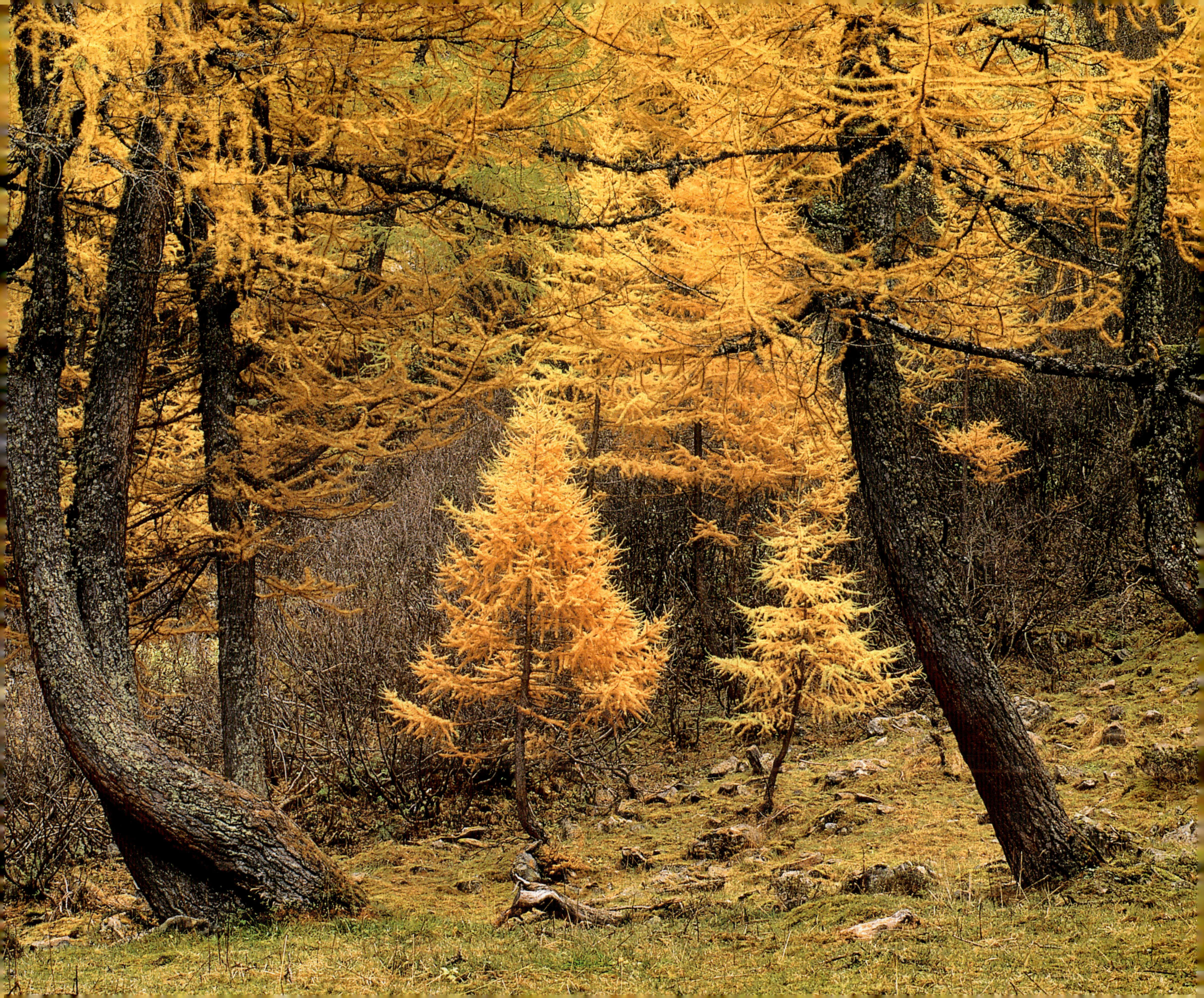

Mit ihrer tiefgehenden, stark verzweigten Wurzel findet die Lärche selbst auf lockeren Böden wie Rutschhängen, Lawinenzügen und Schuttfeldern Halt. Gegen Frost und Hitze relativ unempfindlich, benötigt sie aber für ein ideales Wachstum bewegte Luft und viel Sonne. Die Lärche kann eine Höhe von fünfzig Metern erreichen und siedelt bis hinauf zur Waldgrenze.

Vom Hirschbichl, einem mit einzelnen Lärchen und Zirben bewachsenen Felsrücken hoch über dem Defereggental, ergibt sich ein herrlicher Blick auf die Berge des Panargenkammes. Die Planlacke, ein mit einer ausgeprägten Verlandungszone umgebener Moorsee, ist ein wichtiger Laichplatz für viele Libellenarten. Das Hirschbichl ist aufgrund des Nachweises eines mittelsteinzeitlichen Jägerrastplatzes aber auch eine bedeutende prähistorische Stätte.

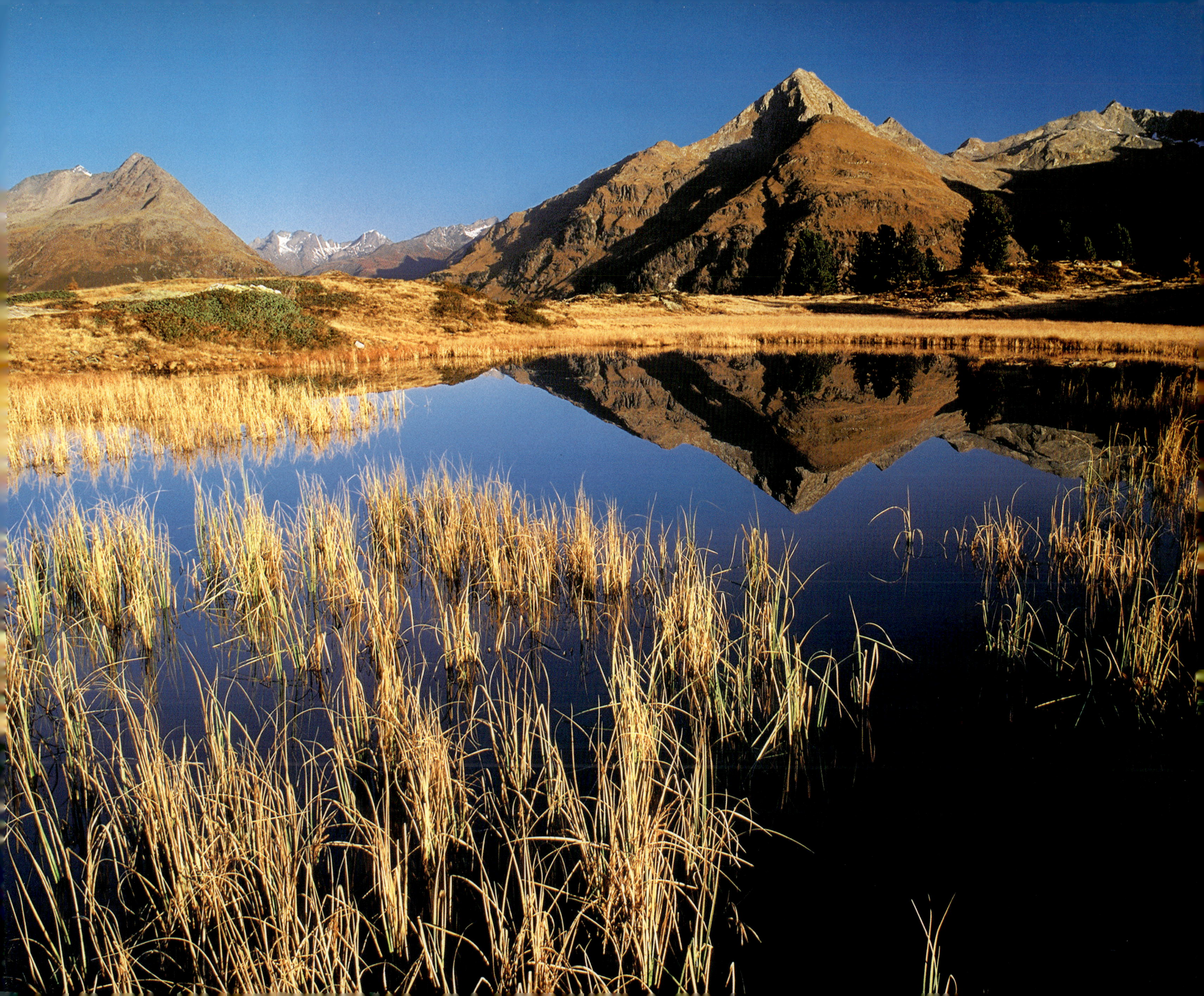

Das Trojeralmtal ist ein ebenes, landschaftlich sehr reizvolles Tal, geprägt von großartigen Zirbenbeständen, kleinen Tümpeln und Mooren. Am Talboden mäandriert der Trojeralmbach in einem sattgrünen Bett mit vielen kleinen Rinnsalen, während die Berghänge im Frühsommer mit unzähligen Sträuchern der Rostroten Alpenrose geschmückt sind.

Alljährlich zwischen Mai und Juli bilden die Blüten der Rostroten Alpenrose an den Berghängen des Defereggentals ein leuchtend rotes Farbenmeer. Die Rostrote Alpenrose, im Volksmund auch Almrausch genannt, kommt meist im Bereich der Waldgrenze und darüber auf humusreichen, sauren Böden vor, wo sie oft dichte Bestände bildet.

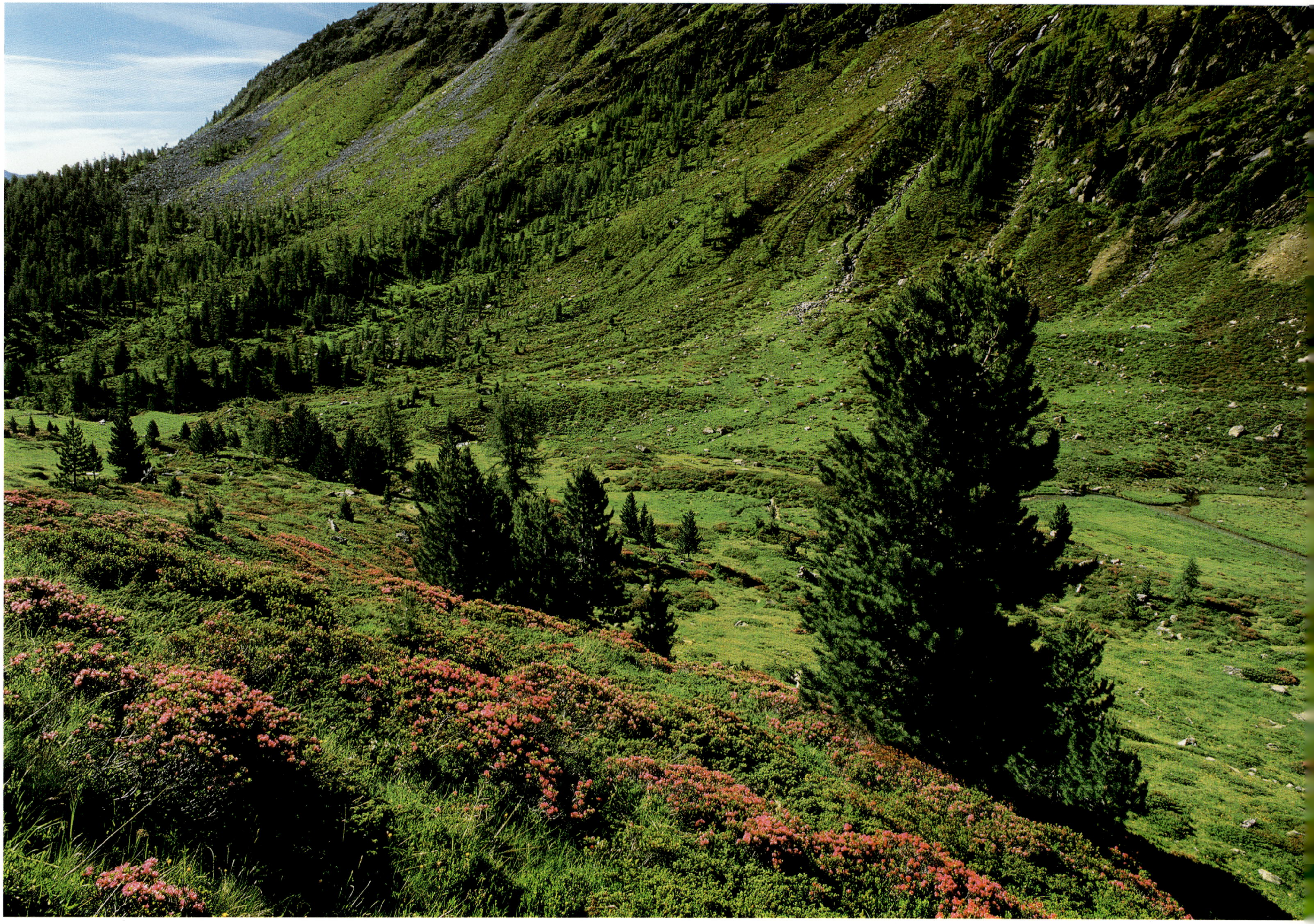

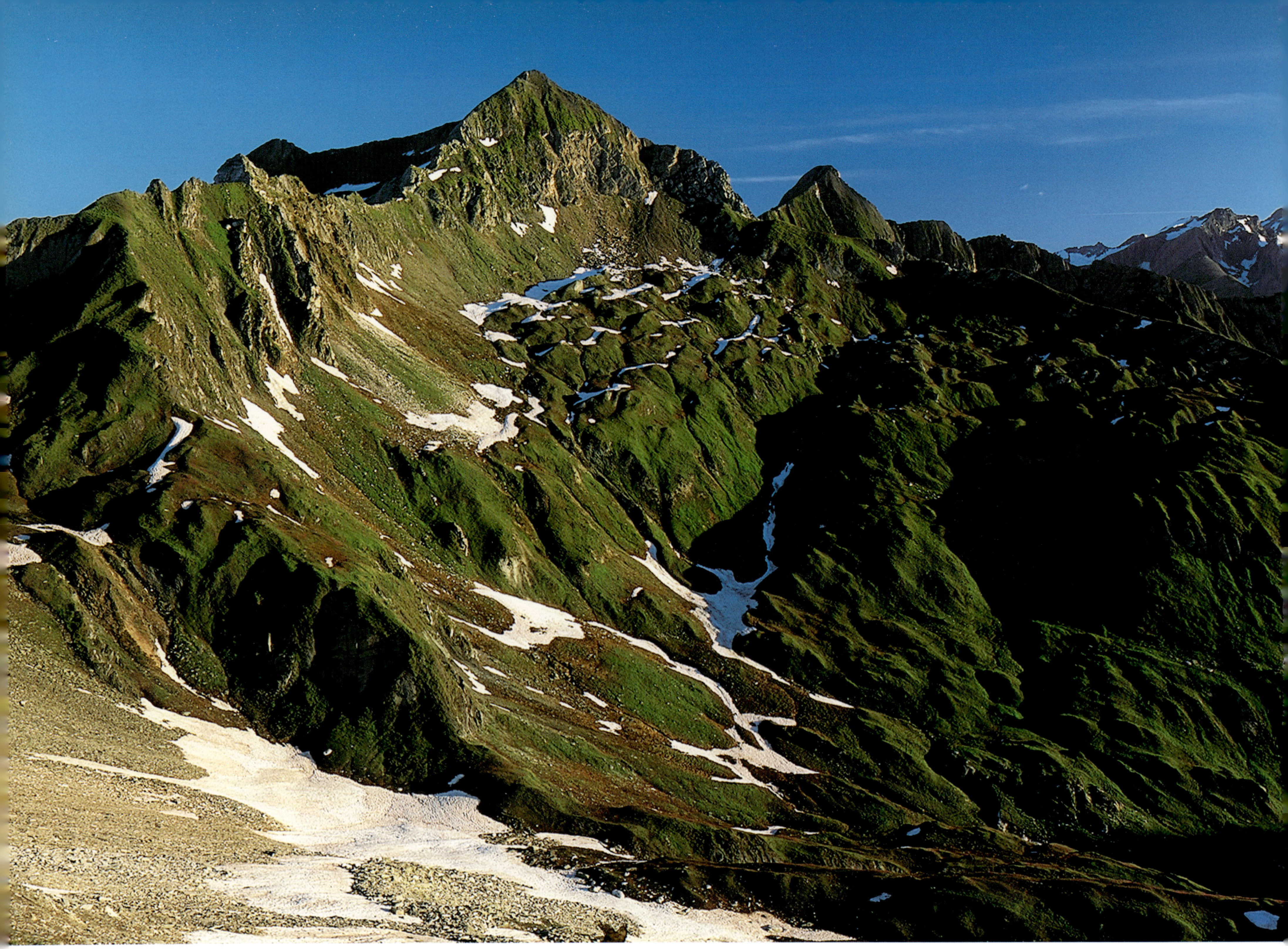

Die Kernzonen des Nationalparks umfassen jene Bereiche, die durch eine völlige oder weitgehende Ursprünglichkeit der Natur geprägt sind. Mit wenigen Ausnahmen, dazu zählen unter anderem die Alm- und Hüttenwirtschaft, ist hier jeder Eingriff in den Naturhaushalt untersagt. Die malerisch gelegene, von den Bergen der Lasörlinggruppe eingerahmte Neue Reichenberger Hütte am Bödensee ist nur eine von unzähligen Schutzhütten im Nationalparkgebiet.

Von den Neualplseen hoch über Lienz streift der Blick vom kargen, steinigen Rasen, der als Schafweide genutzt wird, über die geröllreichen Abhänge des Goiselemandel (2433 m) zu den nahen Lienzer Dolomiten.

Die Erdpyramiden in der Gemeinde Iselsberg-Stronach entstanden durch Erosion einer mächtigen Sedimentschicht, die von den Gletschern des Nationalparks einst hier abgelagert wurde. Die turmhohen Säulen werden von Bäumen überdacht und so vor rascherer Erosion durch Regen bewahrt.

Osttirol

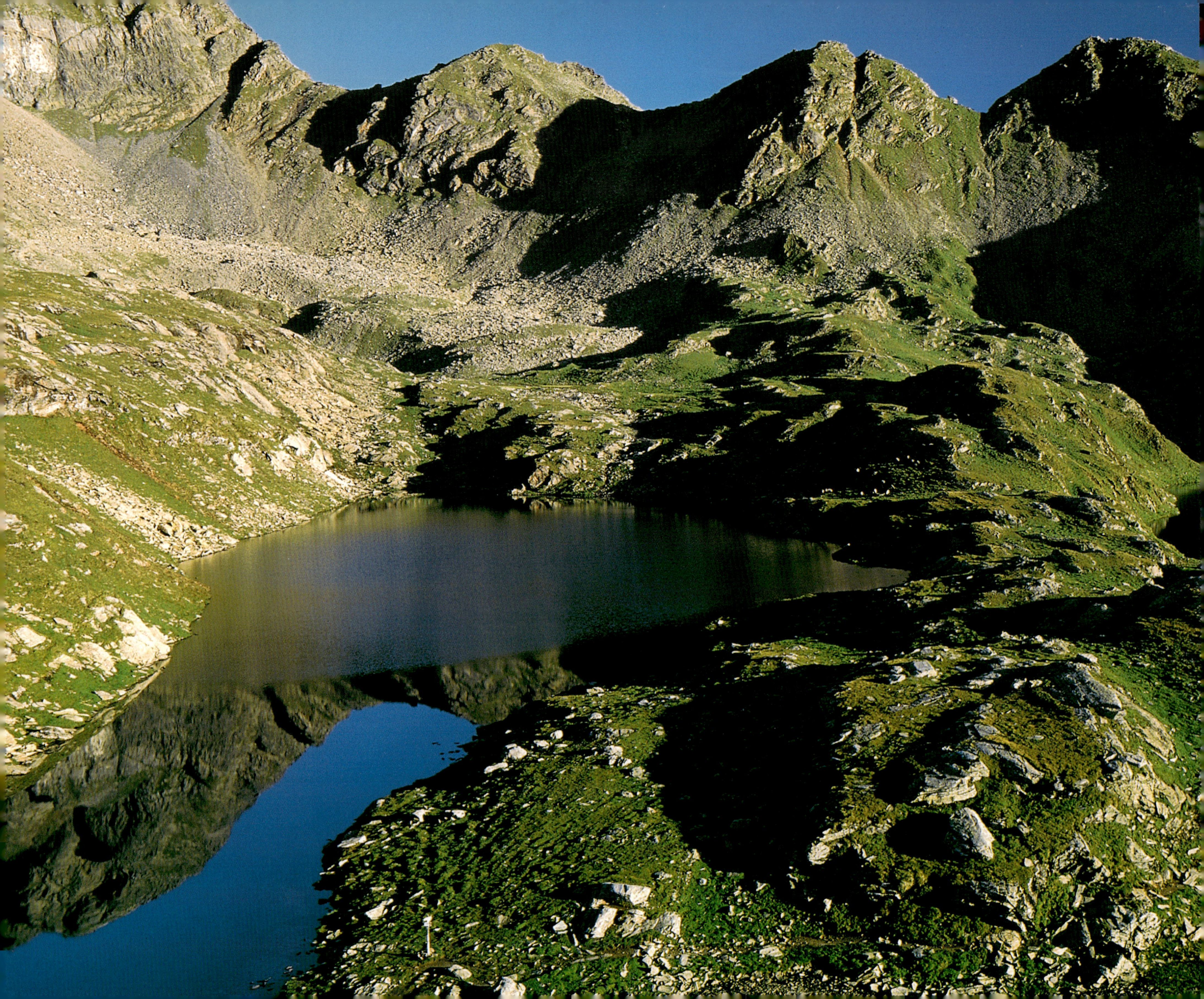

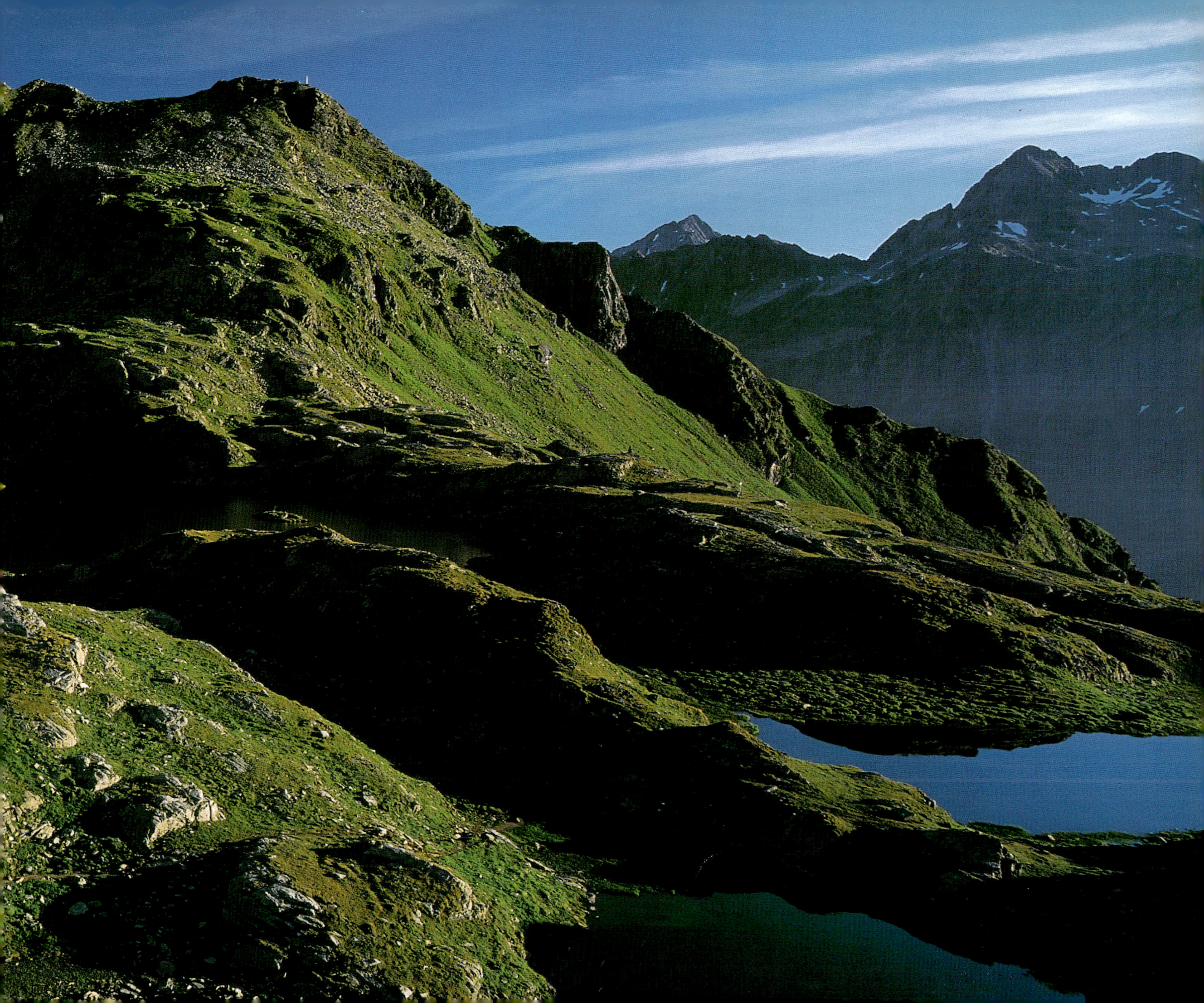

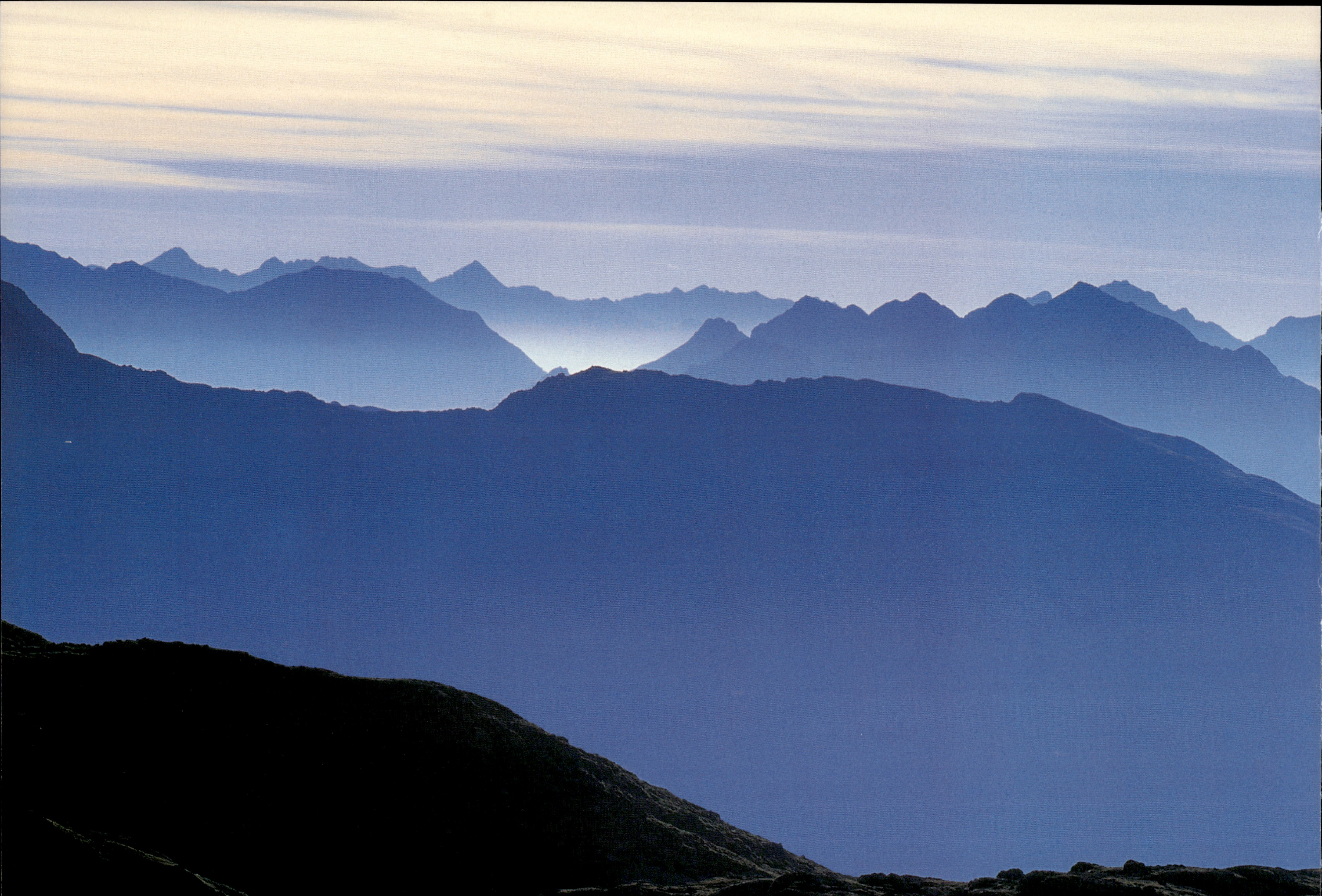

Der Lienzer Höhenweg führt hoch über dem Debanttal bergan und vermittelt herrliche Ausblicke auf die Berge der Schobergruppe. Im Tal hat sich bereits etwas Dunst gebildet, der die Gebirgskämme Richtung Kärnten nur mehr schemenhaft erkennen lässt.

Vorhergehende Doppelseite:
Im Schatten der Schleinitz (2905 m) und der vier Sattelköpfe, der steinernen Vorhut der Schobergruppe, liegen in einem reich gegliederten Kar die malerischen Neualplseen. Der Obere und der Große Neualplsee sind gemeinsam mit einigen kleinen Lacken wunderschön in die reichlich mit Gras bewachsene Felslandschaft eingebettet.

Nachfolgende Doppeleite:
Die markanten Gipfel von Glödis (3206 m) und Ganot (3102), die hoch über dem Kalser Lesachtal thronen, kontrastieren wunderschön mit den goldgelben Lärchenbäumen an der Waldgrenze. Im Spätherbst, wenn die Lärchennadeln nur noch locker an den Ästen halten, genügt bereits der leiseste Windhauch, um sie von den Bäumen zu schütteln.

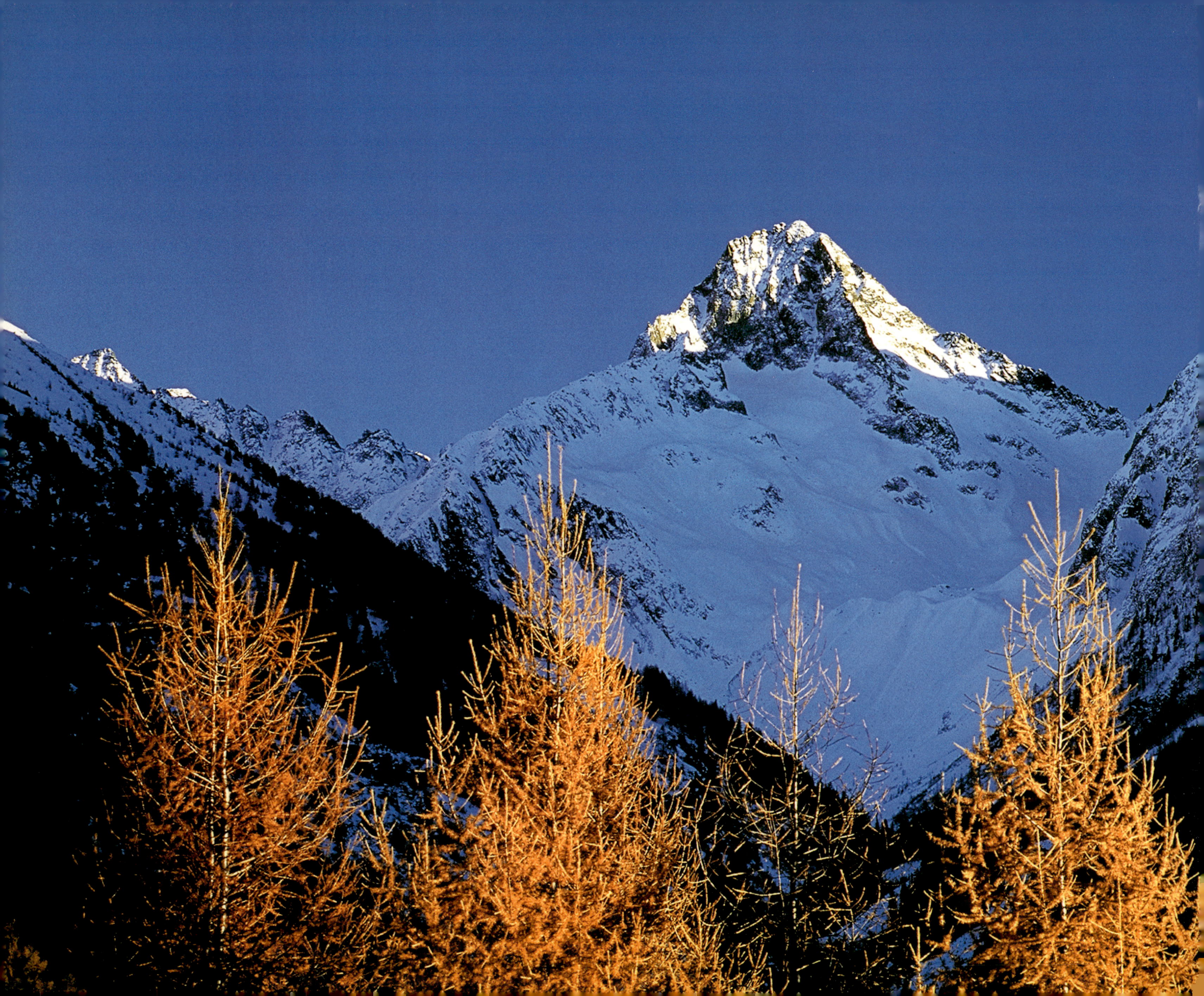

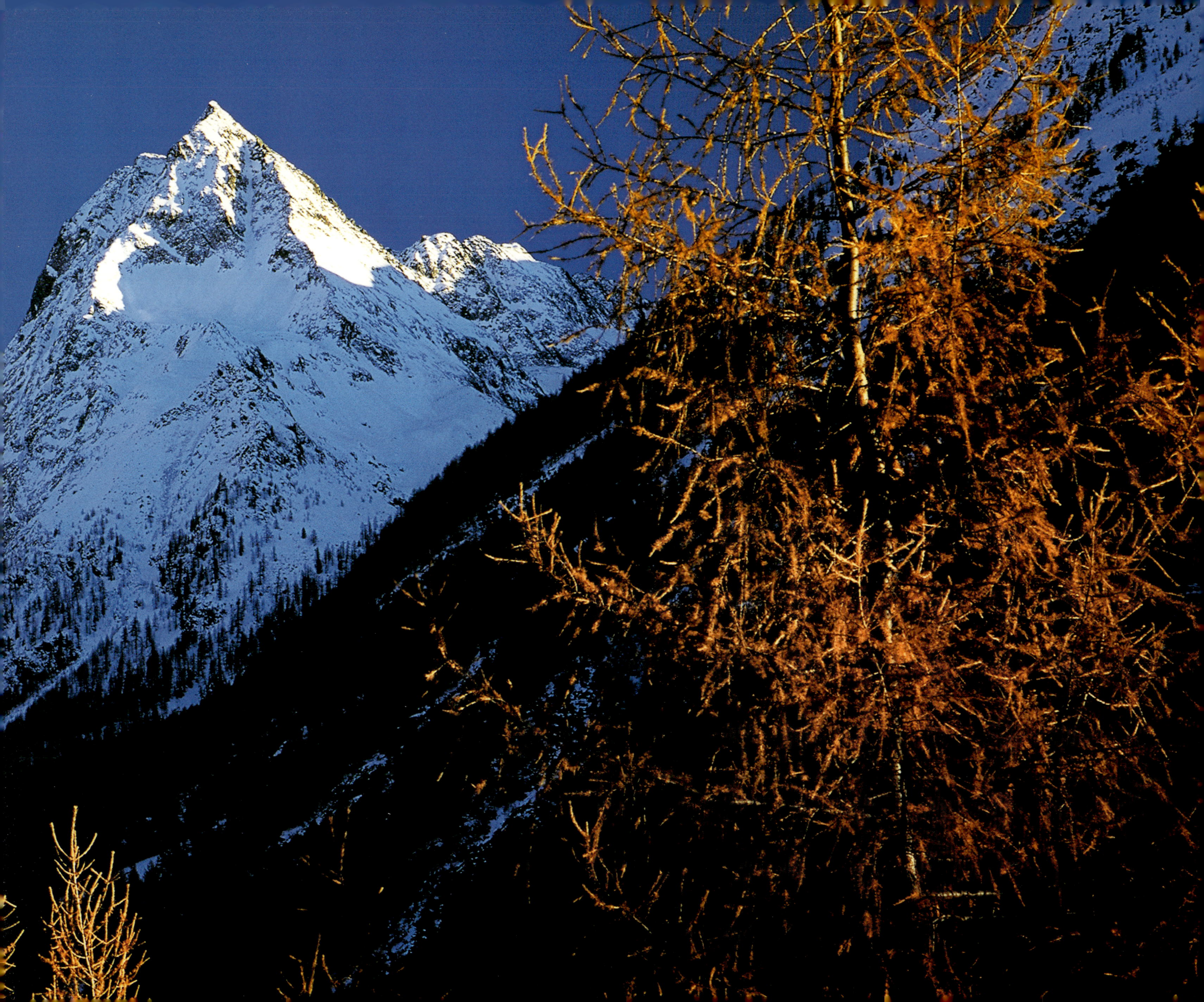

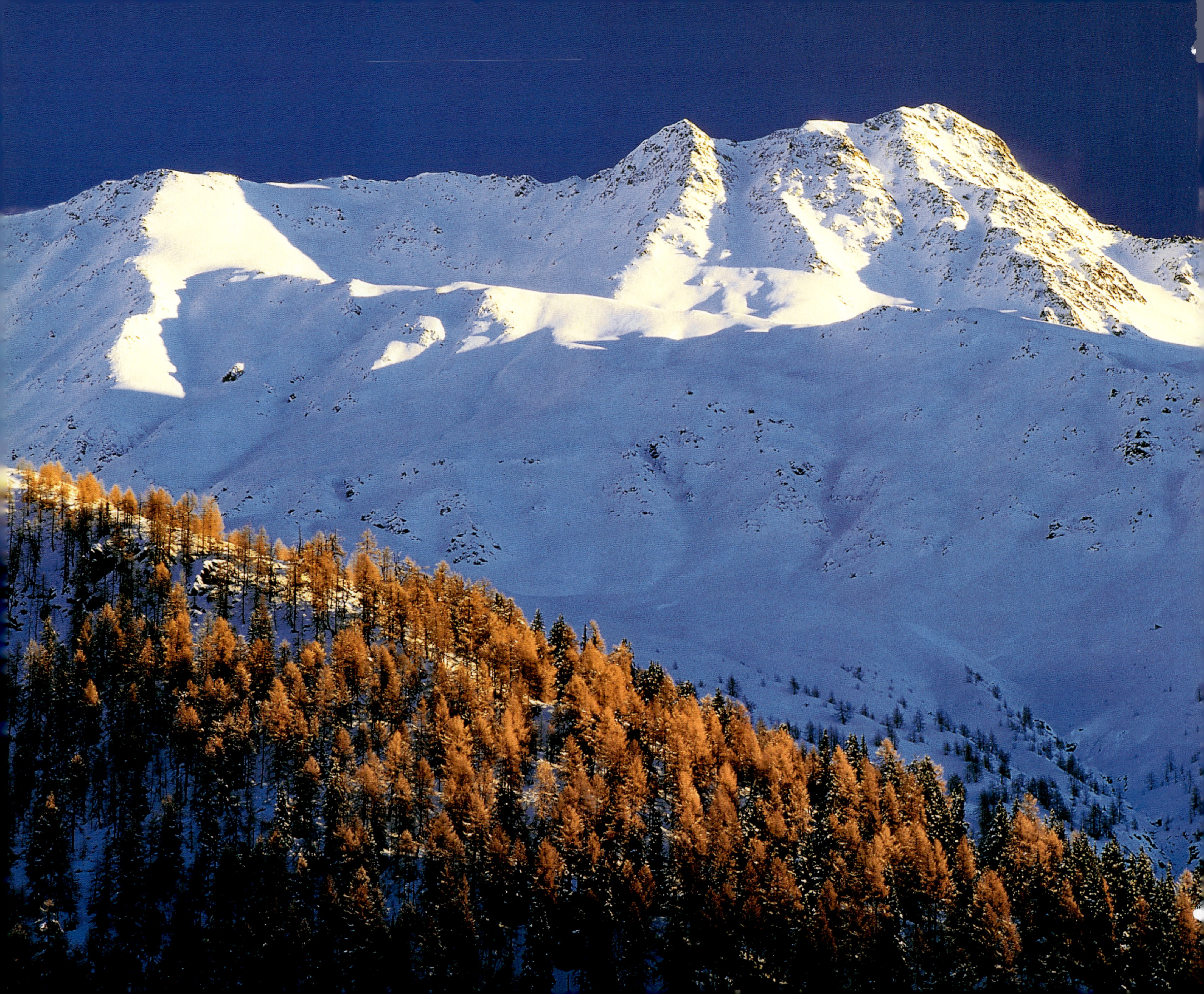

Eine Fahrt auf der Kalser Glocknerstraße zwischen Kals und dem Lucknerhaus im inneren Ködnitztal wird mit einer Vielzahl an faszinierenden Impressionen belohnt. Das Böse Weibl (3121 m), einer der höchsten Berge der Schobergruppe, grüßt mit seiner weißen Pracht herüber. Während die Äste der Lärchen an der Waldgrenze immer schütterer werden, bedeckt der erste Schnee den Gipfel des Bösen Weibl bereits meterhoch.

Während die tieferen Tallagen vom Winter noch verschont werden, kann im Gebirge bereits tiefster Winter herrschen. Die Tiere des Nationalparks haben unterschiedliche Strategien entwickelt, um die Kälte und das verminderte Nahrungsangebot zu meistern. Steinböcke suchen, gewärmt von einem dichteren Winterfell, ausgesetzte Bergrücken auf, dessen Pflanzenbewuchs von Winden freigeweht wurde. Das Rotwild dagegen wandert talwärts, wo es noch ausreichend Nahrung findet.

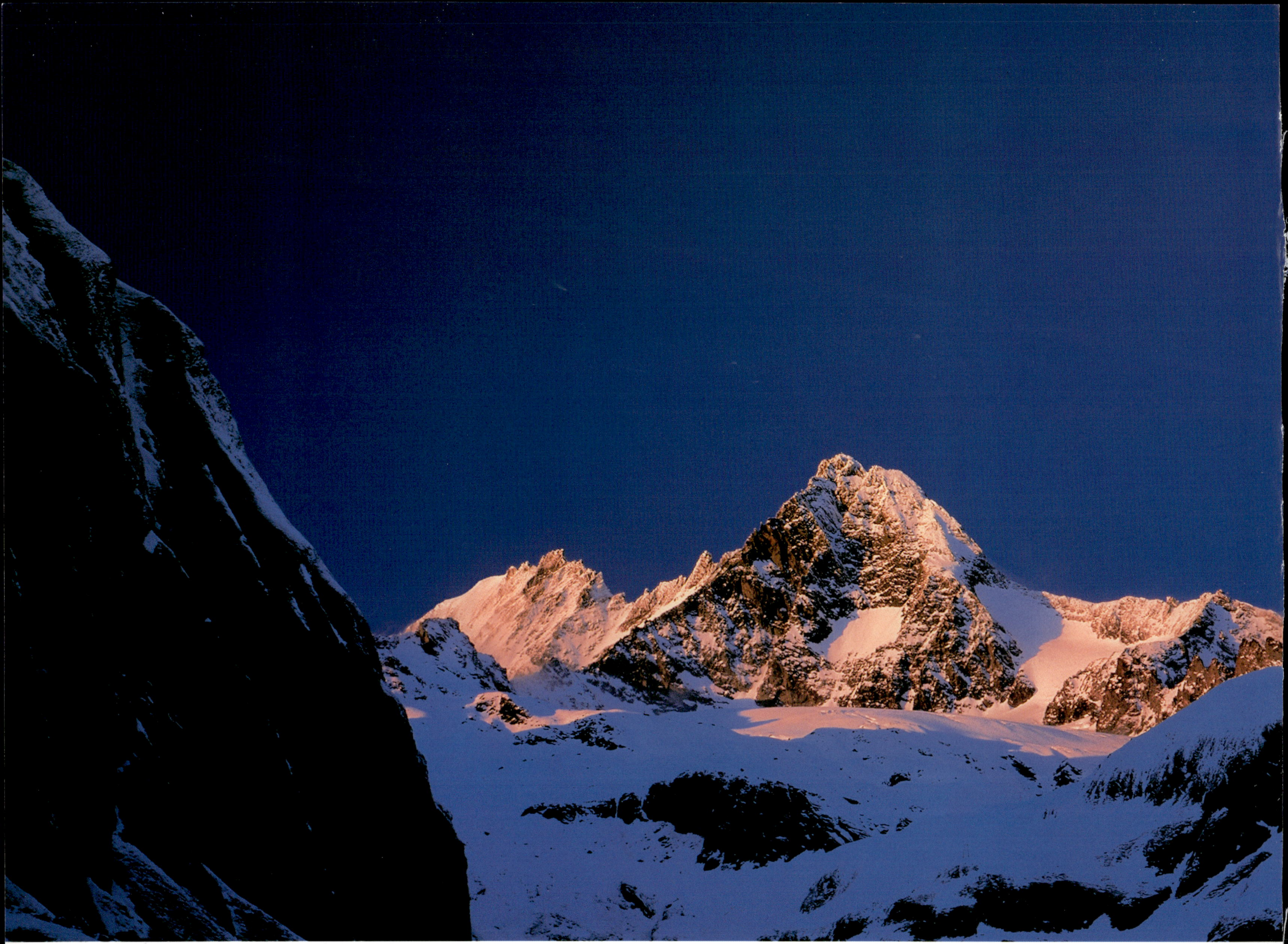

Das innere Ködnitztal verwöhnt den Wanderer mit einem atemberaubenden Blick auf den formenreichen Großglockner (3798 m), der vom Ködnitzkees, steilen Felswänden und gepflegten Almen umrahmt wird. Die Besteigung des Großglockners von Osttiroler Seite gehört zu den herrlichsten, wenngleich auch anspruchsvollsten Gipfeltouren im Nationalpark Hohe Tauern.

Osttirol

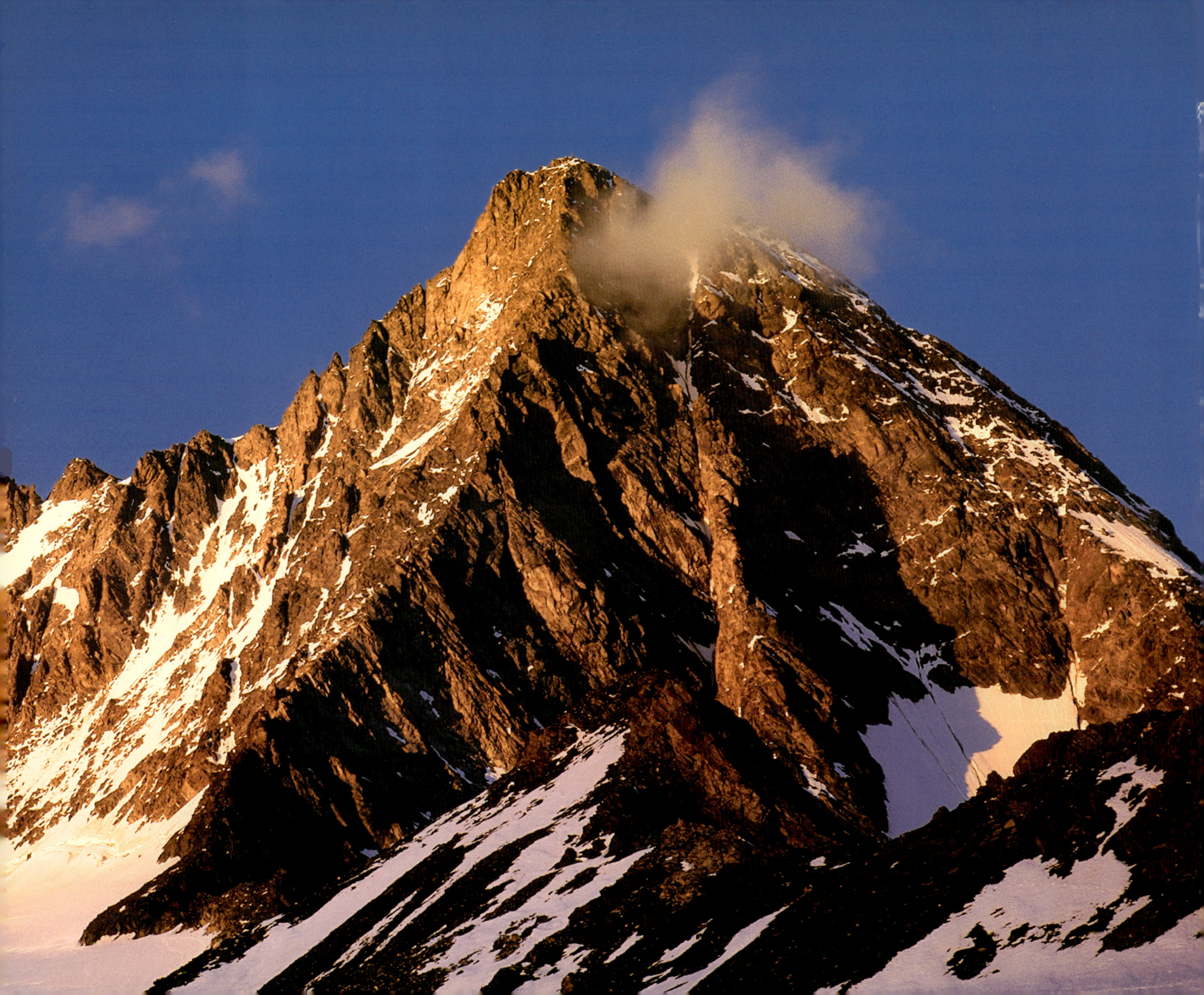

Danksagung

Den größten Nationalpark Mitteleuropas mit der Kamera umfassend auf Film zu bannen und daraus einen ansprechenden Bildband zu gestalten, ist ein sehr zeitaufwendiges Unternehmen, welches ohne die Mithilfe vieler Menschen in dieser Form nicht möglich gewesen wäre.

An erster Stelle möchte ich der Familie Tecklenborg dafür danken, dass sie meinen Enthusiasmus für dieses Projekt nicht nur geteilt, sondern durch ihre mit großem Einsatz verbundene Professionalität wesentlich dazu beigetragen hat, meine Bilder aus dem Nationalpark Hohe Tauern in höchster Qualität präsentieren zu können.

Herrn Jan Tölle danke ich für die hervorragende Zusammenarbeit während der Konzeption und Bildauswahl. Seine unterhaltsame Art ließ die vielen über den Leuchttisch gebeugten Stunden wie im Flug vergehen.

Herrn Heinrich Harrer möchte ich für die Verfassung des Vorwortes ein herzliches Dankeschön aussprechen. Die Worte eines großen Forschungsreisenden und guten Freundes des Dalai Lama empfinde ich als wertvolle Bereicherung dieses Bildbandes.

Besonderer Dank gebührt Nationalparkdirektor Peter Rupitsch für die Verfassung der Einleitung. Den Mitarbeitern der Nationalparkverwaltungen Kärnten, Salzburg und Osttirol, hier insbesondere Günter Mussnig, Ferdinand Rieder und Peter Gruber, danke ich für die beratende Tätigkeit und deren wertvolle Anregungen.

Die Landkarte wurde mit freundlicher Genehmigung der Nationalparkverwaltung zum Abdruck freigegeben.

Zu danken habe ich auch Franz Schüttelkopf, Markus Lukasser, Karl Selden und Rudolf Schradder für deren Hilfsbereitschaft und Geduld.

Last but not least möchte ich mich bei allen Werbetreibenden, Tourismusbetrieben und Verlagen für deren Vertrauen bedanken. Ihr Interesse an meiner Arbeit ermöglicht es mir erst, mein Hobby als Beruf auszuüben.

REISETIPPS

Der Nationalpark Hohe Tauern ist mit einer Fläche von über 1800 km² das größte Schutzgebiet Mitteleuropas. Die weitgehend unberührte Kernzone des Nationalparks mit ihren mächtigen Gebirgen, Gletschern und Gletscherbächen steht in einem einzigartigen Kontrast zu der seit Jahrhunderten gepflegten Kulturlandschaft der Außenzone, deren Erhalt wichtiger Bestandteil der Nationalparkphilosophie ist. Über 300 Dreitausender, darunter der höchste Berg Österreichs, der Großglockner (3798 Meter) und der höchste Berg des Landes Salzburg, der Großvenediger (3674 Meter), bilden eine würdige Kulisse für einen einzigartigen Lebensraum. Über 240 Gletscher bedecken eine Fläche von fast 180 Quadratkilometern, wobei die Pasterze den mit über acht Kilometern Länge größten Gletscher der Ostalpen stellt. Die mit dem Europadiplom für Naturschutz ausgezeichneten Krimmler Wasserfälle sind mit einer Fallhöhe von 380 Metern gar die höchsten Mitteleuropas. Zahllose Bergseen und Flüsse, urige Wälder, geheimnisvolle Moore und grüne Almen sind Lebensraum für eine außerordentlich vielfältige Fauna und Flora. Nirgendwo sonst in Österreich lassen sich Steinböcke, Gämsen, Murmeltiere und Steinadler so leicht beobachten wie im Nationalpark Hohe Tauern. Nicht minder interessant sind die hier wieder angesiedelten Bartgeier, die Gänsegeier, die sich im Schutzgebiet als Sommergäste aufhalten, oder die bis in Höhen von 3000 Meter steigenden Schneefinken sowie Schneemäuse und Alpensalamander. Zu den botanischen Raritäten gehören das sagenumwobene Edelweiß, der Gletscherhahnenfuß, die höchststeigende Blütenpflanze der Alpen, und die Kraut-Zwergweide, der kleinste Baum der Welt. Die außergewöhnliche Vegetation der Gamsgrube, das Orchideenmeer des Rotmoos im Salzburger Ferleitental und die Blumenvielfalt der Glocknerwiesen und Osttiroler Bergmähder stellen weitere Höhepunkte der Nationalparkflora dar.

Der Nationalpark Hohe Tauern ist sowohl mit dem Auto als auch mit der Bahn sehr gut erreichbar. Wer auf dem Schienenweg anreist, kann vor Ort mit Bundesbus-Linien alle wichtigen Ausgangspunkte für Wanderungen erreichen. Für die Unterkunft stehen zahlreiche Hotels, Pensionen, Jugendherbergen und Campingplätze zur Verfügung.

Erste Anlaufstelle sollten die Informationsstellen des Nationalparks sein. Diese informieren über die Sehenswürdigkeiten des Nationalparkes, erzählen Wissenswertes zu Fauna und Flora und halten umfangreiches Informationsmaterial bereit. Die Sommerprogramme der Nationalparkländer bieten Exkursionen und Wildtierbeobachtungen unter der Führung von geschulten Betreuern an. Für die kleinen Naturfreunde des Nationalparks werden spezielle Kinder- und Jugendprogramme veranstaltet. Multimediaschauen, Diavorträge und Filmabende über die Region runden das Angebot ab.

Obwohl der Nationalpark zu allen Jahreszeiten einen Besuch wert ist, sind die Sommermonate aufgrund der uneingeschränkt nutzbaren Wanderwege und Hütten sicher die beste Reisezeit. Die Möglichkeiten, ihn kennen zu lernen sind sehr vielfältig. Ein 2.500 Kilometer langes Netzwerk an Wanderwegen unterschiedlichster Schwierigkeitsstufen durchzieht das Gebiet. Das Angebot reicht von flachen, familienfreundlichen Spazierwegen über anspruchsvolle Steige bis hin zur Hochgebirgstour in Fels und Eis. Die Wanderwege sind gut markiert und werden sorgfältig gepflegt. Um die unberührte Landschaft zu schonen, sind die Täler des Nationalparks für den öffentlichen Verkehr gesperrt. Wer den manchmal langen Weg bis zu einem der vielen Naturwunder scheut, kann auf konzessionierte Tälertaxis zurückgreifen. Da sie nur zu bestimmten Tageszeiten verkehren und gerne in Anspruch genommen werden, ist eine Voranmeldung auf jeden Fall erforderlich. Zahlreiche Alpenvereinshütten und Berggasthöfe bieten dem Wanderer eine willkommene Rast. Darüber hinaus kann man sich an den kulinarischen Köstlichkeiten der Hüttenküche laben und die einfachen, aber sehr stimmungsvollen Übernachtungsmöglichkeiten nutzen. Je nach Lage sind die Hütten zwischen Mai und Oktober geöffnet. Darüber hinaus bilden viele Hütten das ganze Jahr über einen wichtigen Stützpunkt für Bergsteiger und Tourengeher. Genauere Auskunft über Öffnungszeiten und Kontaktmöglichkeiten gibt die Internetseite des Österreichischen Alpenvereines (www.alpenverein.at) oder jene der Naturfreunde Österreichs (www.naturfreunde.at). Aufgrund der unzähligen Wanderwege im Nationalpark soll an dieser Stelle stellvertretend für die Bundesländer Kärnten, Salzburg und Osttirol jeweils nur eine besonders schöne Route vorgestellt werden. Einen vollständigen Überblick über die vorhandenen Wanderwege und deren Besonderheiten geben die umfangreichen, von den Nationalparkverwaltungen herausgegebenen, Wanderführer. Im Kärntner Anteil des Nationalparks ist eine Wanderung entlang des Gamsgrubenweges außerordentlich lohnenswert. Mit dem Auto fährt man bequem über die Großglockner-Hochalpenstraße bis zur Franz-Josefs-Höhe auf. Eine große Aussichtsterrasse ermöglicht herrliche Ausblicke auf den Großglockner und die ihm zu Füßen liegende Pasterze. In der mit einer eindrucksvollen Glasfassade gestalteten Swarovski-Beobachtungswarte liegen leistungsstarke Ferngläser bereit, die einen scharfen Blick auf kämpfende Steinböcke, sich in der Sonne aalende Murmeltiere und hoch in der Luft kreisende Steinadler ermöglichen. Der Gamsgrubenweg beginnt bei der Aussichtsterrasse am Freiwandeck, führt zunächst durch 6 Tunnel, in welchen multimediale Ausstellungen zu den Themen „Gold", „Kristall" und „Wasser" für Aufmerksamkeit sorgen um dann schließlich einen atemberaubenden Blick auf das Glocknermassiv und die Gletscherspalten der Pasterze freizugeben. Der Weg ist breit und aufgrund seiner sanften Steigung ohne besondere Anstrengung zu bewältigen. Informationstafeln erläutern Gletscher, Flora, Fauna und die Besonderheiten der Gamsgrube, die die seltensten Pflanzenarten der Alpen beheimatet. Ein Abstecher mit der Gletscherbahn von der Franz-Josefs-Hohe an die Zunge der Pasterze lohnt sich auf jeden Fall.

Eine Weiterfahrt auf der Großglockner Hochalpenstraße über das Fuschertörl nach Salzburg sollte fixer Bestandteil eines Nationalparkbesuches sein. Die Straße führt durch wunderschönes Nationalparkgebiet, vorbei an mächtigen, mit dicken Eispanzern bedeckten Gipfeln und blumenreichen, duftenden Wiesen. An den zahlreichen Aussichtspunkten befinden sich interessante naturkundliche Informationseinrichtungen.

Auf Salzburger Seite sorgen die Krimmler Wasserfälle für eines der beeindruckendsten Naturerlebnisse im gesamten Nationalpark. An heißen Nachmittagen im Sommer schwellen die Wasserfälle aufgrund der starken Abschmelzung des Gletschereises stark an. In steilen Serpentinen führt der Weg entlang der unteren und mittleren Fallstufe zu Aussichtskanzeln mit faszinierendem Ausblick und intensivem Kontakt mit dem Sprühregen des Wasserfalls. Vorbei an der oberen Fallstufe der Krimmler Ache geht es nun flach über die Almböden des

Krimmler Achentales, dem mit 19 Kilometern längsten Tal des Nationalparks, bis zum Talschluss, der von der Dreiherrenspitze und dem wild zerklüfteten Hanggletscher des Krimmler Kees überragt wird. Ein Aufstieg zur Warnsdorfer Hütte ist empfehlenswert. Der Anblick des Eissees, in dem riesige, vom Gletscher abgebrochene Eisstücke schwimmen und die Rundumsicht auf die Berge der Venedigergruppe entschädigen für den langen Anmarsch. Um sich den langen Rückweg zu ersparen, kann man auf die hier verkehrenden Tälertaxis zurückgreifen.

Eine Überfahrt von Mittersill in Salzburg nach Matrei in Osttirol über die Felbertauern-Straße ist landschaftlich überaus reizvoll. Kurze Abstecher zum malerischen Hintersee und zur eindrucksvollen Schößwendklamm auf Salzburger Seite sind sehr zu empfehlen. Auf Osttiroler Seite gehören das Gschlößtal und das Zedlacher Paradies bei Matrei zu den leicht erreichbaren Sehenswürdigkeiten. Osttirol darf mit dem Gschlößtal eines der schönsten Täler der Ostalpen sein eigen nennen. Vom Matreier Tauernhaus führt ein für den öffentlichen Verkehr gesperrter Fahrweg in mäßiger Steigung zum Gschlöß-Talboden. Vom malerischen Almdorf Außergschlöß mit seinen dicht gedrängten Holzhütten wandert man entlang des Gschlößbaches vorbei an der Felsenkapelle, einer Kirche, die in den natürlichen Hohlraum eines riesigen, herabgestürzten Felsblocks gebaut wurde. Stets den schneebedeckten Großvenediger im Angesicht, erreicht man am Talschluss das Almdorf Innergschlöß, von wo es dann in steilem Anstieg auf den empfehlenswerten Gletscherlehrweg geht. Der Gletscherbach des Schlaatenkees schießt hier mit ohrenbetäubendem Lärm über die Steilstufe herab. Oben angekommen, laden der hübsche Salzbodensee und das Auge Gottes, eine mit Wollgras bewachsene Insel inmitten eines kleinen Tümpels, zum Verweilen ein. Der zum Greifen nahe Großvenediger und das spaltenreiche Schlaatenkees mit seinen vorgelagerten, außergewöhnlichen Gletscherschliffen bilden den Höhepunkt dieser Wanderung.

Sollte das Wetter mal nicht mitspielen, bieten zahlreiche Besucherzentren und Museen ein attraktives Alternativprogramm. Ein Besuch lohnt sich, zählen doch einige von ihnen zu den modernsten Informationseinrichtungen Europas. Als Beispiel seien hier die BIOS Erlebniswelt in Mallnitz, die Wasser-Wunder-Welt in Krimml, die Nationalpark-Werkstatt Klausnerhaus in Hollersbach, die Alpine Naturschau im Wilfried Haslauer Haus an der Großglockner-Hochalpenstraße, das Nationalparkhaus in Matrei und das Glocknerhaus in Kals am Großglockner genannt.

Auf der Internetseite des Nationalparks (www.hohetauern.at) finden sie eine Vielzahl an allgemeinen Informationen, zahlreiche Hinweise auf Publikationen über den Nationalpark, Tipps zur Anreise, sowie Links auf themenverwandte Internetseiten. Für all jene, die über die neuesten Entwicklungen und Ereignisse im Nationalpark auf dem Laufenden gehalten werden wollen, ist die periodisch erscheinende Nationalparkzeitung „Tauernblicke" zu empfehlen.

Adressen der Nationalparkverwaltungen

Kärnten

Nationalpark Hohe Tauern
Döllach 14, A-9843 Großkirchheim, Tel.: +43(0)4825/6161
e-mail: kaernten@hohetauern.at

Salzburg

Nationalpark Hohe Tauern
Sportplatzstraße 306, A-5741 Neukirchen am Großvenediger
Tel.: +43(0)6565/6558-0, e-mail: nationalpark@salzburg.gv.at

Osttirol

Nationalpark Hohe Tauern
Kirchplatz 2, A-9971 Matrei in Osttirol, Tel.: +43(0)4875/5161-0
e-mail: npht@tirol.gv.at